U0909541

星云大师 著

这世界无处不美

星云大师对人间的祝福

广东省出版集团
花城出版社
中国·广州

发现自我

大步向前

执著信仰

包容无限

因缘篇

微笑欢喜

奉献助人

诲人不倦

慈悲行事

省心篇

修炼心性

除却心尘

学无止境

宁静致远

醒世篇

觉己篇

发现自我

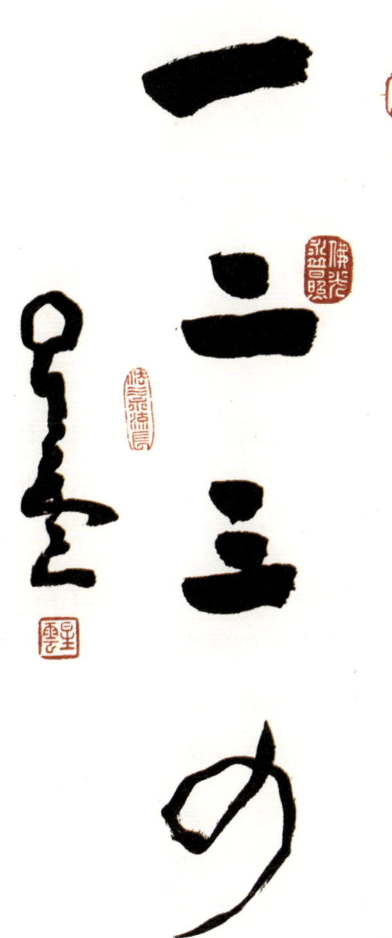

真正的财富

谁才是真正富有的人？拥有良田万顷？身价百亿？儿孙满堂？还是看得到自己拥有的人呢？

有一个大富翁家产千万，却总是说："穷啊！穷啊！"

朋友质问他："你万贯家财，为什么还要哭穷呢？"

他说："不知道什么时候会有水灾或火灾，所谓'水火无情'，财产会给水火荡尽啊！"

朋友又问道："哪有这么巧，这么多的水火？"

富翁说："贪官污吏也会抢夺我的财产啊！"

"哪有那么多贪官污吏？"

"不肖的子孙也会让我倾家荡产啊！"富翁接着又说，"还有盗贼土匪、通货膨胀、金融风暴、经济不景气等，都可能使我的财产一夕之间化为乌有。因为财产是五家所共有，我怎么能不穷呢？"

又有一个平凡的农夫，经常告诉别人，他是全国最有钱的富翁。税捐处听到之后，想要扣他的税，问他是不是世上最富有的人？

农夫认可后，税务人员就问他："你有哪些财富呢？"

农夫说："我的身体健康，我有一位贤惠的妻子，还有一群孝顺的儿女。更重要的是，我每天愉快地工作，到了秋冬的时候，农产品都会有很好的收成。你说我怎么不是世上最富有的人呢？"

税务人员听完之后，恍然大悟，恭敬地说："你不愧是一个最懂得人生之道、最具有智慧的富者。"

真正的财富，不一定以银行存款论断，也不一定是指土地、房屋、黄金、白银，因为这些都是五家所共有，个人无法独得。

人生当中，唯有信仰、满足、欢喜、惭愧、结缘、平安、健康、智慧等，才是真正的财富，才能让我们的心灵感到踏实与充足。

这是智者的微笑，以慧剑斩断烦恼；这是孩子的微笑，用真心与人分享。

从星云十二岁踏入佛门，到如今已八十多岁高龄，他的一生经历过太多坎坷：揭不开锅的贫穷生活、危及生命的严重疾病、导致家人离散的血腥战争。

历经世事而能单纯，是真自在、大智慧。

这副洁净见底的笑容，恰似潺潺清泉，给人欢喜与希望。

『人和动物最大的区别就是，人会微笑。』大师如是说。

微笑是智能的泉源
微笑是愉快的流露
微笑是诚恳的语言
微笑是生命的花朵

『一日梵呗，千禧法音。』

用空灵的声音『供养』大众，用清澈的心灵为世人带去祥和，用梵呗的艺术之美将喜乐和公德传送到万众之心。即使你是一个不懂佛法的人，听到如此幽深而和暖的演唱，内心也定会被深深触动，沉浸其中，感受自己宛若沧海一粟般渺小。

合唱过程中，背景的大屏幕上会打出相应的佛语或训诫，帮助观众理解佛光人的理念。那笑容满溢的比丘尼背后，是大大的『参』字。这也是星云大师喜欢这张照片的原因，有着年轻僧人勤奋参学的深意。

用心在感知禅意流动，学经悟道的过程本就该如此神圣快乐。

参学

参了还要学

学问

学了还要问

烧饼的故事 有一天，赵州禅师和徒弟文远禅师在一起谈禅论道，有个信徒送来一块烧饼。

赵州禅师说：“这一块烧饼我们两个人怎么吃？”

徒弟说：“应该师父您吃。”

赵州禅师说：“这样不公平，这样好了，我们来打赌，谁赢谁就吃这块烧饼。”

徒弟问怎么赌法，赵州禅师说：“我们就以最脏、最臭、最下贱的东西来说自己，谁能把自己说得最脏、最臭、最下贱，谁就赢了。”

徒弟就说：“好啊！师父你先说。”

赵州禅师：“我是一头驴子。”

徒弟：“那我是驴子的屁股。”

赵州禅师：“我是屁股里的大便。”

徒弟：“我是大便里的蛆虫。”

于是赵州禅师就问徒弟：“喂！你这个蛆虫，在大便里面做什么？”

文远禅师说了一句了不起的话，他说：“我在大便里面乘凉。”

大便里能乘凉，是“心净国土净”逍遥自在的境界。反观我们现在的人居住的环境是高楼，有沙发、地毯、空调等物质的享受，但是我们身心自在吗？多少心头上的挂念，那种种的是非、得失，令我们即使住在总统套房，仍一夜难以安眠。

菩萨的火焰化红莲能处处自在，禅师的污浊地是清凉之邦，值得吾人深思，再多的金钱买不到心灵的自在，再高的权位买不到一夜的安眠！亟亟地寻找快速的解脱之道，倒不如在每一个因缘里欢欢喜喜地乘凉。

能够克服困难 便能获得良机
能够解决困难 便能化解危机
能够面对困难 便能寻求转机
能够不怕困难 便能把握时机

冬日清晨，一位转经的老阿妈，途经一面巨大的灰白色的寺墙。她的背后留有大片的空白，那空白显得灰暗污浊，带有岁月的沧桑痕迹。它代表了一种苦难，一种斑驳的虚空。

人生苦短，却要消耗太多精力去面对生命中的痛苦和艰难。如果，一个巨大的困难就在眼前，不敢走了，那么路就被永远封死了。如果你勇敢地迈过了困难，再回头看看，身后的空白下面，竟冒出了一片葱葱的生机。

于是，你转过头，踏着崭新的生命际遇，继续前行。

无边风月眼中眼
不尽乾坤灯外灯
柳暗花明千万户
敲门处处有人应

稀疏龟裂的红漆，锈迹斑斑的铜锭，潺潺的岁月流淌。

破旧的麻绳和布条系在门闩上，因艳丽的配色，让人看了有明快的心情。

这是锡林郭勒大草原上，一间藏传佛教寺庙的一扇再普通不过的红色大门。细窄的门缝中透出刺眼日光，让人不免去想象推开后该是怎样一座无限光明的殿堂。

有缘之人定能悟道。悟的瞬间是清泉流过，是鸟鸣树梢，是『行到水穷处，坐看云起时』。

于是将门轻轻叩响，自有人来欢喜应门。

禪

星雲

繁华热闹的生活
过后则感凄凉
清淡朴素的做人
历久犹有余味

广东韶关，南华寺，清晨进香的客家老母亲。灰扑扑的素花衬衣，过时蹩脚的塑料凉鞋，简陋的编织袋和一个也许从哪个孙子那儿淘汰下来的书包。皱纹在不知不觉中密布她的额头，仿佛精心雕刻的纹路。虔诚祈愿，不是为『我』。一生操劳，死而后已。生命与佛性因母亲而传承。佛说：『一切众生皆为我母。』

知足心安

第一富有的人是谁？《佛所行赞》卷五中说：“富而不知足，是亦为贫苦。虽贫而知足，是则第一富。”是贫？是富？在于我们懂不懂得知足，能不能够在当下的因缘中，寻出一片自在清淡的人生。

传说八仙当中的吕洞宾，有一天从天界下凡来，发心要救度有缘的众生。在半路上，吕洞宾看见有个少年坐在地上流泪，于是趋前问道：“少年朋友，你为什么哭呢？遇到什么困难吗？”少年叹了一口气：“我母亲卧病在床，家里没有钱请医生来看病，我本来要出去做工赚钱，可是母亲又不能没有人照顾！”吕洞宾一听，心里很高兴，难得世间还有这么孝顺的孩子。为了资助这个少年，吕洞宾使用法术，把路旁的一块石头变成黄金，并且交给少年。没想到，少年却摇摇手，表示不要这块黄金。吕洞宾心里更是欢喜欣慰，这少年竟然还是一个不贪恋黄金的君子。“你为什么不要黄金？这足够让你们母子几年不愁衣食呀！”吕洞宾问。“你给我的黄金，总有用完的时候，我要你的金手指，以后只要我需要钱，手指随意一指，遍地就是黄金。”少年一脸贪鄙。吕洞宾听了以后，对于人性的贪婪，感叹一声，飘然远去！

人的欲望像个无底的黑洞，永远没有填满的一天。一个人即使赚了亿万财富，心被贪欲驱使，就享受不到富足的快乐。

纵使过着清贫的生活，只要觉得心安，日日都是花红柳绿。倘若坐拥华厦的巨富，不知回馈社会，福利大众，身陷在贪欲的火宅，怎能听到清脆的鸟语，闻到芬芳的花香？

莫轻园头

有学僧向湖南洛浦的元安禅师告假辞行，想到其他地方参学。

元安禅师问学僧道："此处四面是山，你要往何处去？"

学僧哑口无言，不知如何回答。

元安禅师道："如果你能在十天之内回答，那就请便。"

学僧日夜思索，打坐经行、经行打坐，可是都没有办法明了。

有一天，学僧在菜园里走来走去，苦思应对，正巧让担任园头的善静禅师看到了，善静禅师上前问学僧："听说你已告假辞行到他处参学，为什么还在这里走来走去？"学僧就将不能回答元安禅师问题的经过，详述一遍。

善静禅师听罢说道："我可以教你回答这个问题，但是，你千万不能告诉元安禅师是我教你的。"

学僧闻言，恳求善静教示。

善静禅师一字一字慢慢地说道："竹密不妨流水过，山高岂碍白云飞。"

当元安禅师听了学僧的回答，就问道："这答案是谁告诉你的？"

学僧答："是我自己想的。"

元安禅师两眼圆瞪，道："我不相信。"

学僧不敢再说谎，只好说是善静禅师教的。当晚，元安禅师上堂，对大众宣布道："莫轻园头，他日其座下将会有五百人！"

后来善静禅师弘化一方，果真有弟子五百余人。

真人不露面，露面非真人。禅宗的丛林里，多少烧火的、挑水的、煮饭的苦行者，都是在工作中参究悟道，凡夫肉眼是无法识得真面目的。

"工作无尊卑，悟道有深浅。"在禅门里，确是如此。唯有尊敬所有人等，才不会错失学道的因缘。

人間情義
星雲

还重吗

韩国镜虚禅师带着出家不久的弟子满空出外云水行脚，满空一路上嘀咕，嫌背的行囊太重，不时地要求师父找个地方休息，镜虚禅师都不肯答应，永远都是那么精神饱满地向前走去。

有一日，经过一座村庄，一位妇女从家中走出，在前面走的师父，忽然握住那位妇女的双手，那位妇女尖叫了起来。妇女的家人和邻居闻声出来一看，以为一个和尚轻薄妇女，齐声喊打。身材高大的镜虚禅师掉头不顾一切地奔逃。徒弟满空，背着行囊也跟在师父的后面飞跑。

经过很久，跑过几条山路，村人无法追上这师徒二人。在一条静寂的山路边，师父停下来，回头，非常关心地问徒弟道：“还觉得重吗？”

“师父！很奇怪，刚才奔跑的时候，一点都不觉得行囊很重！”

对前途目标，不够有坚韧不拔的信心，嫌远、嫌难、嫌重是必然的，如果对前程有信心、有眼光、有担当，就会感觉不远、不难了。

人生七十才开始
慈心悲愿无了时
人生七十古来稀
立功立德无量寿

福建泉州惠安县的人民以海为田，捕鱼为生。这是最不安定的生活方式，一个人仅仅是站在甲板上，都可能随时面临死亡。有时一支船队的打头船只已经平安归岸，末尾的船只却被汹涌的海浪打入地狱的深渊。

男人在惊涛骇浪中驾船捕鱼，女人在家中寺庙祭拜妈祖，便成了惠安人的日常生活方式。

妈祖，福建莆田湄州人，生于宋建隆元年。从小信仰佛教的她，在十六岁那年，保佑了出海遇到风浪的父亲，并寻找到哥哥遇难的尸体，从而传遍乡里，被人们尊称为『神姑』。

她的后人，虔诚地合十双手，在海浪对面，记挂着远方的归人。

放弃留学记 我这一生要感谢的人很多，其中有两位特殊人物，让我认清自己的角色。一位是我的师父，当许多教授推荐我进入教育学院读书时，师父却不准我去，他说："读什么教育学院，既为出家人，就应该读佛学！"我二话不说，听从师父的指示，开始研读佛学。

1957年，我以拙作《释迦牟尼佛传》申请进入日本大正大学深造，竟获该校审核通过，通知我去就读博士班，就在我一切就绪，准备负笈东瀛时，高雄市新兴街万隆酱园的朱殿元居士前来，一脸疑惑地对我说："师父！在我们的心目中，您是师父，地位比博士还要崇高，为什么还要到日本去做别人的学生呢？"

我当下汗颜，自忖所言甚是，我已弃俗出家，以弘扬真理，净化人心为己任，我的地位、我的使命，的确非比寻常。人活着，不仅是要为自己打算，更要多为别人设想，我今天既然已是他人的师父，却还要远赴东瀛，以日人为师，让我的弟子情何以堪？弟子希望师父传授给他们的是出世的佛法，让他们能离苦得乐，而不是世间的学位。

我放弃了留学的打算，至今我不但未曾感到遗憾，反而觉得人生更有意义。这一生虽然没有领过一张毕业证书，没有读过正式的学校，我的师父和朱殿元居士的两句话，让我做了一个好和尚，让我将研究学问的心力放在弘法事业上，施设了更多的佛教事业，利济了更多的有情众生。

一个人成功与否，不是一件事就能衡量的，重要的是将自己做好。如果读破万卷书，却不懂得做人，不会处事，成了高等闲人，一生也无法受用。何不在读书之余，把人做好，把事做好，把自己的本位做好，有了根、有了本，必然一切具成。

随处给人欢喜
随时给人信心
随手给人服务
随缘给人方便

星云大师推行『人间佛教』，用最浅显的道理讲述最深奥的道理。这源于母亲的一句话。

有一次，大师给弟子们讲完《金刚经》后，母亲批评他讲得太过高深。她说：怎么可以告诉大家『无我相，无人相，无众生相，无寿者相』呢？『无我相』倒也罢了，如果『无人相』，心中眼中都没有他人，还修什么行呢？

大师听了母亲这一席话，猛然领悟到其中深意。

不得不说

道忞禅师是温州永义人氏，有一次去参访雪峰义存禅师，初见面时，雪峰禅师就问道：“你是什么地方人氏？”

道忞回答道：“温州。”

“那么你和一宿觉（玄觉永嘉禅师，因参访六祖惠能大师，留住一宿，故名一宿觉）是同乡了。”

道忞不知玄觉和他同是温州永嘉人，所以不解，故再问道：“一宿觉是什么地方的人啊？”

雪峰禅师认为道忞孤陋寡闻，就责备道：“好！好！应该要打你一顿棒，今天且放过你。”

有一天雪峰禅师，集合大众开堂说法：“堂堂密密地。”

雪峰禅师只此一句话，就静默不再说下去，一山大众均不会其意。

道忞走出大众，问道：“什么是堂堂密密地？”

雪峰禅师责备道：“你讲什么？”

道忞恭谨肃立。

雪峰禅师等大众无语，又再说道：“向上宗乘事，堂堂密密地。”

道忞听后，立刻长跪，举手抱拳说道：“道忞自来本山已经数年，还没有听过禅师这样的慈悲示诲。”

“向来虽然没有这样说过，今天已经说出来了，是不是对你有所妨碍呢？”

“不敢，禅师是不得已说的。”

“不，这是你使我不得不说的。”

从此师资契入，雪峰禅师座下，又多一个禅人。

不動心也

星雲

大步向前

继承密付 风穴延沼禅师在南院慧颙禅师处参学，六年之中，任职园头。有一天南院禅师到田里问风穴禅师："你从南方来，请问南方禅门的一棒，作何商量？"

风穴禅师回答道："好商量！"

此话刚说完，立即反问道："这里的禅门怎么样呢？"

南院禅师用力握住一根棒子，道："棒下无生忍，临机不让师。" 风穴禅师于言下立即大悟。

南院禅师问南方禅门是怎样参究，风穴并不满意禅门的形式化。"好商量"，意指各有各的家风，他的禅法，是教学理论化的大成。现在问南院禅师，南院禅师告诉他"棒下无生忍，临机不让师"，意即不可以商量！风穴禅师故此契入。

南院禅师道："现在你能深入禅道，这并不是偶然的。你听过临济禅师临终时的事吗？临济禅师临终时，端坐着说：'我圆寂之后，我的正法眼藏不得灭却。'学僧三圣马上走向前去，说道：'弟子怎么会灭却老师的正法眼藏？'临济禅师道：'今后如果有人问你的时候，你要如何回答？'于是三圣大喝一声！临济道：'身心终要归于寂灭。'说完，仍然坐着化迁。"

南院禅师接着问道："临济禅师说过：'谁知吾正法眼藏，向这瞎驴灭却。'他平常像一只猛狮，逢人即欲杀，但是临终的时候却如此屈膝摇尾巴，为什么？"

风穴禅师答道："正法的密付将终时，身心终会毁灭。"

南院禅师又问："三圣为什么只喝不说？"

风穴禅师道："因为他已经能够继承密付，成为入室的真子，和门外游手好闲的人不同。"

禅门悟道，最忌聪明分别，所谓商量，应该在无商量处才可商量。棒下没有一法，临机要直下承担！风穴禅师悟道以后，已不是游玩的闲人，他担负起佛法，勇往直前去！

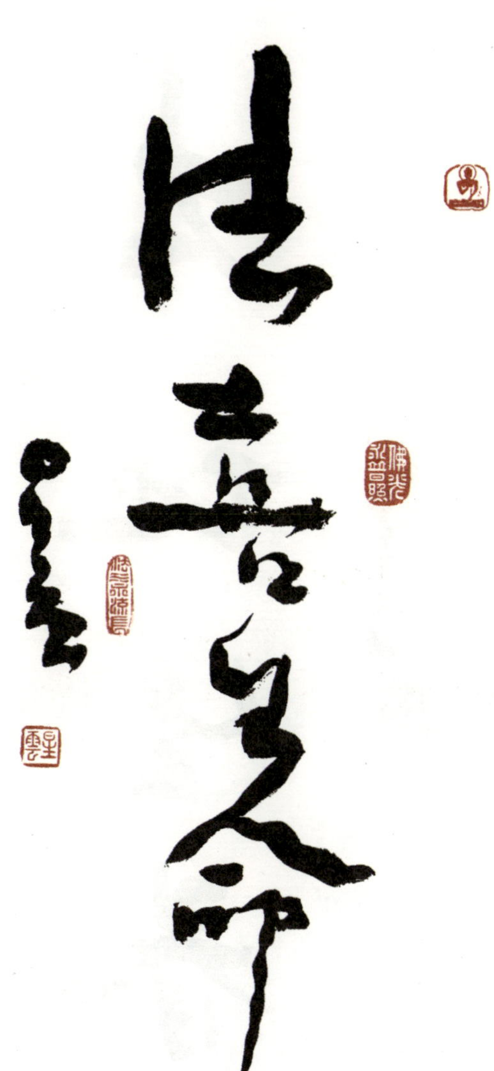

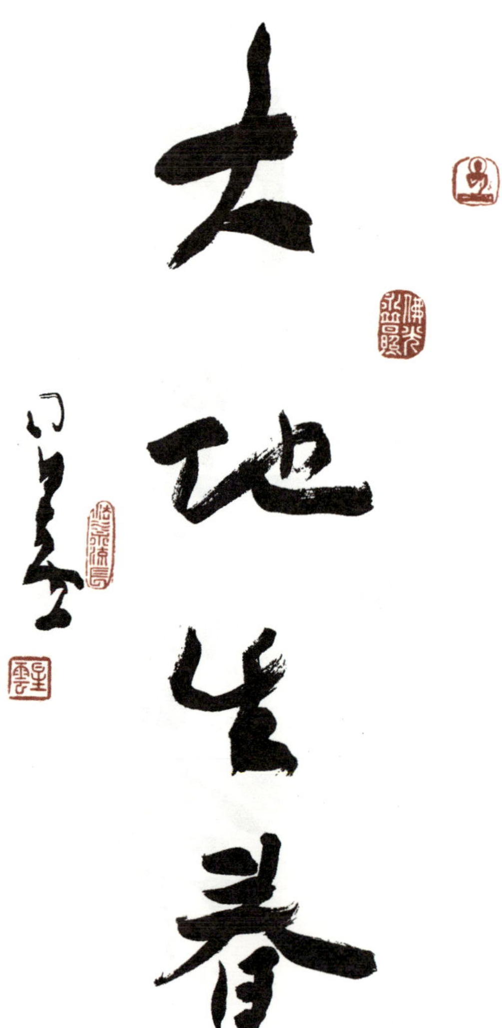

失去与拥有
包容与喜舍
其实是一体两面
唯有将两面结合起来
才是真正的
提起了全部

泉州关帝庙前，一群年过六旬的老人围在桌边悠闲地下棋，面色喜悦，祥和一片。下棋有输有赢，有进有退。在这幅具有历史沧桑氛围的画面里，每个人都是漫长历史的一小部分，上台，然后落幕。人生的舞台并不大，容不得我们一直加速往前冲。有时需要放慢脚步，甚至向后一步，开阔视野。事物本就是一体两面，分久必合，合久必分。不必为暂时的失落而灰心，亦不必因一时的拥有而雀跃。拥有一颗虚无广纳的心，做事自然能水到渠成。

求人不如求己

佛印了元禅师与苏东坡一起在郊外散步时，途中看到一座马头观音的石像，佛印立即合掌礼拜观音。

苏东坡看到这种情形不解地问："观音本来是我们要礼拜的对象，为何他的手上与我们同样挂着念珠而合掌念佛，观音到底在念谁呢？"

佛印禅师："这要问你自己。"

苏东坡："我怎知观音手持念珠念谁？"

佛印："求人不如求己。"

学佛，其实就是学自己，完成自己。禅者有绝对的自尊，大都有放眼天下，舍我其谁的气概，所谓"自修自悟"、"自食其力"，那就是禅者的榜样。吾人不知道自己拥有无尽的宝藏，不求诸己，但求诸人，希求别人的关爱，别人的提携，稍有不能满足所求，即灰心失望。一个没有力量的人，怎能担负责任？一个经常流泪的人，怎么把欢喜给人？儒家说："不患无位，患所以不立。"只要自己条件具备，不求而有。观音菩萨手拿念珠，称念自己名号，不就是说明这个意思吗？

灵山会上

迦叶尊者当下灵犀相应

破颜而笑

禅

因此在『捻花微笑』

师徒心意相契的那之间

流传下来

这就是『自觉』

一行僧人，做完早课从佛堂里出来。他们放松地边走边谈，打头的那个僧人突然咧开嘴。笑眼明眸，鱼尾纹因愉快而深邃地舒展。

禅僧会因为很细小的事情而快乐。

在参禅的途中心意相通，以无为有，以众为我，以空为乐。

心无杂物，一心向佛。不争就能欢喜，不夺就能富足。

这种由心灵深处产生的快乐微笑叫做『拈花微笑』，因自知自觉自足而愈发珍贵。

不能代替

道谦禅师与好友宗圆结伴参访行脚，途中宗圆因不堪跋山涉水的疲困，因此几次三番地闹着要回去。

道谦就安慰着说：“我们已发心出来参学，而且也走了这么远的路，现在半途放弃回去，实在可惜。这样吧，从现在起，一路上如果可以替你做的事，我一定为你代劳，但只有五件事我帮不上忙。”

宗圆问道：“哪五件事呢？”

道谦非常自然地说道：“穿衣、吃饭、屙屎、撒尿、走路。”

道谦的话，宗圆终于言下大悟，从此再也不敢说辛苦了。

谚语说：“黄金随着潮水流来，你也应该早起把它捞起来！”世上没有不劳而获的成就，万丈高楼从地起，万里路程一步始，生死烦恼，别人丝毫不能代替分毫，一切都要靠自己啊！

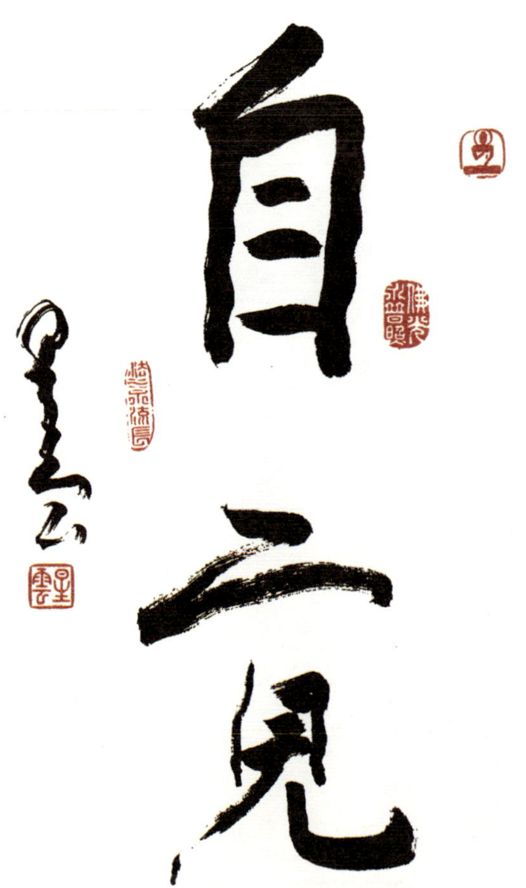

葬礼 松云禅师出家学禅后，因为挂念年老的母亲无人照顾，就自己建了一座禅舍，带着母亲同住。

松云每天除了参禅打坐以外，帮人抄写佛经，借此赚些生活费用。有时上街为母亲买些鱼肉，街上人总指着他说："你们看那个酒肉和尚！"松云不去解释，因为他不介意别人的闲言闲语，但他母亲放不下别人的批评，因此也跟着出家素食。

一天，一位美丽的小姐在路上遇到他，为其庄严的仪表感动，请他到家中说法，松云没有推辞，以为说法是好事，但事后别人传言，说有人亲眼见到松云到妓院去嫖妓。

乡人捣毁他的禅舍，赶他离开。松云不得已，只好把母亲寄人代养，自己出外云游参访。

事经年余，母亲因思儿成病，未几病重过世，乡人不知松云何去，只得草草收殓，等松云回来再奉行安葬。

不久，松云回来，在母亲灵棺前站了许久，然后用手杖敲打棺木说道："慈爱的母亲！孩儿回来了！"

说完，他又学母亲的口气道："松云！看你完成禅道回来，母亲很高兴！"

"是的！母亲！"松云又自语道，"孩儿以此禅道，回向您上生佛国，不要再来人间受苦受气，我也和您一样高兴！"

松云禅师说后，接着对众人道："丧礼已毕，可以安葬！"这一年母亲六十八岁，松云三十岁。

松云禅师五十六岁的时候预知时至，他召集弟子辞别，并在母亲遗像前上香，写下一首偈语："人间逆旅，五十六年；雨过天晴，一轮月圆。"写后，安详而逝。

世间，只要有人的地方，就有是非与好坏，就有光明与黑暗，说好的未必好，说坏的未必坏。松云禅师的冤屈，助长他的禅道，母亲的病逝，回报她的佛国赡养。

只要有禅，就没有悲苦，就没有怨恨，禅是幸福安乐的泉源。

幸福平安是从喜舍中获得
所以具有喜舍的行为
才是真正的富有者

坐落于台北市内的关帝庙，为供奉三国时期蜀国的大将关羽而建。

喜庆红艳的灯笼，是每个人对未来生活的美好向往与喜悦心安；一尊关公圣像，是千万民众的道德楷模和精神寄托。

美国芝加哥大学人类学系博士焦大卫先生说：『我尊敬你们的这一位大神，他应该得到所有人的尊敬。他的仁义智勇直到现在仍有意义。仁就是爱心，义就是信誉，智就是文化，勇就是不怕困难。上帝的子民如果都像你们的关公一样，我们的世界就会变得更加美好。』

恭喜失火

柳宗元是唐代著名的思想家与杰出的文学家，他有一篇文章，题目是《贺进士王参元失火书》。朋友王参元家里失火，柳宗元原本想写一封信慰问，但他以为“盈虚倚伏，来去之不可常”、“塞翁失马，焉知非福”，因而写了一封信恭喜他。王参元是唐宪宗时一个节度使的儿子，而且是个进士，多才多艺。然而他就像当时一些为人廉洁的士大夫，因顾忌别人说自己阿谀奉承，不愿表露自己的才能，以致不能显贵。为此，柳宗元在信中提到“乃今幸为天火之所涤荡，凡众之疑虑，举为灰埃”，如此王参元的才能“乃可以显白而不污”。原来王参元住在老家不肯出仕，满腹经纶，不出来为社会服务，很可惜。柳宗元曾经多次邀他出仕为官，都被婉拒。这次王参元家中惨遭祝融之灾，柳宗元认为这正是他出来为大家服务的好因缘，因而写下这篇《贺进士王参元失火书》。

佛教说“诸行无常”，无常存在一种希望与生机。因为无常可以变换，坏的可以变好，不幸的命运得以否极泰来、时来运转。因为无常，万法无滞，就像活水永远都有源源不绝的生机。常常抱持“塞翁失马，焉知非福”的观念与态度，那么无论遇到什么样的境遇，都不会耽着在好坏善恶、福祸喜忧中；能以平静、无染着的心，对待人生一切人事物，如《金刚经》所说：“应无所住，而生其心，”就能一心自在，任运逍遥，更而发愿“要做佛门龙象，先做众生马牛”，不以为信宗教便是看破世界了，只欢喜闭关修行，不明白发心为众，积极勇猛，为社会国家谋取福利，才是信仰的正道啊！

[illegible]

星雲

金碧辉煌的参拜大殿，几面墙壁都灯火通明。衣着素雅的僧人整齐地排开一个方阵，跪拜殿堂正面的释迦牟尼佛雕像。双手与额头触地，虔诚无比。

画面的庄严源于佛像，亦来源于众僧。众人虔诚，这就在佛堂内形成了一个巨大的『场』，凝聚了无穷佛心。

这跪拜，不是古代皇帝与臣子的关系——因畏惧而产生的被动的臣服，而是从内往外发出的尊敬与信服，只有诚心皈依才能如此表里如一。

信佛者追求的不是外表的华丽，而是内心的充实。一个人，有了海纳百川的涵养，自会有庄严肃穆的容颜。

一般人
靠华丽的衣服和化妆
来美化自己
修道者
则以道德和慈悲
来庄严自己

美
是一种艺术
是一种感受
美的心灵
是我们最珍贵的资产
心中有了美的感动
生活中
自然无处不真
无处不美

演出者戴着墨绿色面具，雕琢精心。造型华丽奇特的红衣，颜色绚丽。映衬着舞台背后的夺目光圈，伴随当地特有的感人唱腔，便有了一种直慑人心的美。

江西的傩戏，源于先秦时期，在明末清初蓬勃兴起。它是历史、民俗、民间宗教和原始戏剧的综合体，蕴藏着丰富的文化基因，是真正来源于民间的草根文化。

因为有了创造者美好的心灵，才能生出如此富饶多彩的动人艺术形式。这美便也好似不是造作出来，而是怦然地不期而遇。

大小粪桶

明末清初时，大陆的金山寺里，住着一位非常受人景仰的“金山活佛”妙善禅师。他行迹很是怪异，但是心地非常慈悲，到处流传着他难行能行、难忍能忍的奇事。

在金山寺旁的一条小街上，住了一位贫穷的老婆婆，与独子相依为命。偏偏她的儿子很不上进，怠惰成性，整日游手好闲，不仅不努力工作，而且经常呵斥他的母亲。老婆婆常常暗自伤心流泪，恨自己不知道造了什么孽，才会生出这个忤逆儿。

妙善禅师知道此事后，便常去她家安慰老婆婆，对她说些因果轮回的道理。她的儿子却非常讨厌妙善禅师，认为他多管闲事。有一天，妙善禅师又来到老婆婆家，此时逆子遂起了一个恶念，悄悄地拿着粪桶躲在门外，等妙善禅师走出来。当妙善禅师刚踏出门槛时，他就突然提起粪桶往禅师的头上一盖，刹那间腥臭不可闻的粪尿淋满禅师全身，引来一大群人看热闹。

妙善禅师却不生气、不愤怒，顶着马桶跑到金山寺前的河边，才缓缓地把马桶取下来。围观的人见此狼狈相，更加哄然大笑，抑不可止。妙善禅师却毫不在意地说：“这有什么可笑的？人生本来就是众秽所集的大粪桶，大粪桶上面加个小粪桶，有什么大惊小怪！”

有人忍不住问道：“禅师！您不觉得难过吗？”

妙善禅师说：“我一点也不觉得难过，老婆婆的儿子慈悲我，给我醍醐灌顶，我正觉得自在！”

那位忤逆的儿子为禅师的慈悲所感动，觉得自己很惭愧，就向禅师忏悔谢罪，禅师欢喜地说道：“父母养育之恩山高水深，不能好好孝养，反而打骂犯上，如此不孝，何以为人？”

逆子受了禅师的感化，从此痛改前非，非常孝顺母亲，最后竟以孝声闻名乡里。

人只要勇于舍弃过错前疚，痛改前非，当下清净时，便是脱壳振翅飞向天堂的新生日。

无姓儿

五祖大师弘忍，前生是破头山下的栽松老者，非常仰慕四祖道信禅师，便祈求能在他座下出家。道信禅师嫌他年纪太大，不能广化十方，只好安慰他道：“如果你去投胎再来，我或许可以住世等你几年。”

栽松老者辞别四祖，走到溪边，看到一位浣纱的姑娘，就请求道：“姑娘，我能不能借你家一住？”

“我上有父兄，不能做主，你可以去求他们。”

“你必须承诺答应，我才敢前去。”

这位姑娘一看暮色苍茫，一位老人求宿，于是点头答应，然后老人就拄杖走了。这位没有出嫁的姑娘回到家后没多久，竟然怀孕了，父母认为败坏门楣，就把她赶出家门，作佣里中。后来生下一个白胖男婴，这位不幸的母亲想把这个不祥的孩子丢弃河中，小孩竟然溯流而上，她只好将婴儿从河中抱起，决定往后以乞讨为生，以抚养他长大成人。

由于不知父亲来历，因此里中的人都叫他做“无姓儿”。无姓儿六七岁的时候，长得聪明伶俐，活泼可爱。有一天，道信禅师弘化到此地，无姓儿看到道信禅师，亲热地拉住禅师法衣不放，要求道信度他出家。禅师一看，一个稚龄的小孩，就摸摸他的头说道：“你年纪太小了，怎么能出家呢？”

无姓儿不悦而如大人似的质问道：“禅师！过去你嫌我太老，现在又嫌我太小，究竟何时才肯度我出家？”

道信禅师听闻，忽有所悟，赶忙问道：“小孩童，你姓什么？叫什么？家住哪里？”

“我叫无姓儿，家住十里巷。”

“人人都有姓氏，你怎么说无姓呢？究竟姓什么？”

“我以佛性为姓，所以无姓。”

道信禅师听了非常欢喜，小小年纪，口气如此之大，堪称佛门龙象。后来四祖道信禅师便将衣钵传授给他，成为禅宗的第五祖。

佛教讲三世因果，五趣轮转，看禅宗五祖弘忍禅师的经历，诚不虚也。说到出家，“太老不要”，“太小不好”，好者无姓儿以“佛性为姓”，因此能成为一代宗师。

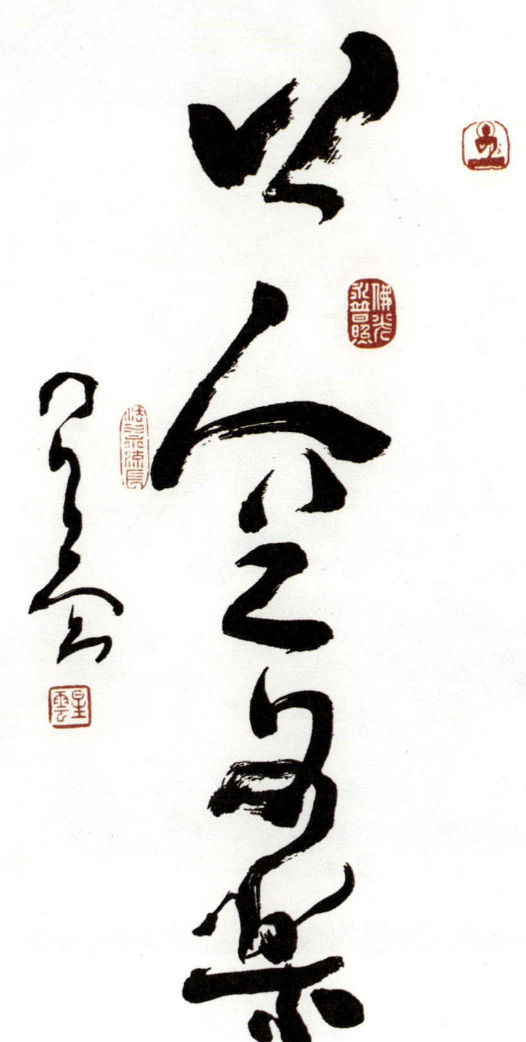

黛螺顶位于山西省五台山的台怀中心寺庙集群区东，一个陡峭的半山脊上。山腰间耸起螺形小山，盛夏草木萋萋，呈现出一片黛青，故称之为黛螺顶。

画面中的僧人，每上一个台阶都双膝跪地，将头深埋并触碰台阶。

他双手手心朝上，似乎准备迎接一切苦难。

相传如此登上黛螺顶的一千多个台阶，可锻炼忍耐之性。

星云大师于年少时曾历经五十三天的戒期，每天跪在地上听戒师讲话，一跪就是几小时。待到起来时，地上的碎石子都嵌在皮肉里。虽然隔了衣裤，但鲜血还是从布的缝隙中汩汩地渗出来。

如今那个冒冒失失求学的孩子已成为一代大师。

忍，是天地间尊贵无比的包容雅量，是蕴涵般若智慧的无穷力量。

忍中修行，自得道，自无忧。

忍耐

才能和气致祥

悔过

才能提起勇气

生命的薪尽火传
是生生世世赓续不断的
尽管天上人间
去来不定
我们的真心佛性
永远不变
重要的是
要珍惜
每一期的生命

这尊宝函坐落于陕西省宝鸡市扶风县城北十公里的法门寺之中。释迦牟尼佛的佛指舍利就珍藏于宝函。

二〇〇九年，法门寺重新修建了寺院、佛堂以及供奉的佛位。为此，寺院特意举办了一场无比盛大的供奉典礼。

在佛指舍利起驾之前，一些有了因缘的人前来瞻仰，并拍照留念。他们拼命端详，想要记住这一刻。

鱼贯的人群，来了又走了。无数的寺庙，建起来又沉下去。只有佛指舍利千年长存，只有佛心万年不变。

禅心正觉

星云

第一课 有一位学僧大年非常醉心于佛像的雕刻，但由于缺乏专家的指导，所雕塑出来的佛像总不尽满意，故下定决心出外参学，他专程去拜访无德禅师，希望能传授他有关这一方面的知识与技巧。

每天大年到法堂时，无德禅师便放一块宝石在他手中，命他捏紧，然后天南地北地跟他闲聊，除了雕刻方面的事外，其他一切都谈，约一小时后，无德禅师拿回宝石，命大年回禅堂用功。

就这样连续过了三个月，无德禅师既未谈到雕刻的技术，甚至都未谈到为什么放一块宝石在他手中。终于，大年有点不耐烦，但也不敢询问无德禅师。一天，无德禅师仍照往常一样，又拿一块宝石放在他手里，准备谈天。

大年一接触那块宝石，便觉得不对劲，立刻脱口而出说道："老师！您今天给我的，不是宝石。"

无德禅师问道："那是什么呢？"

大年看也不看，就说道："那只是一块普通的石块而已。"

无德禅师欣悦地笑着说："对了，雕刻是要靠心手一致的功夫，现在你的第一课算是及格了。"

世间一般人学习技能，总希望速成，甚至学佛的人，也希望当生成就，立地成佛，殊不知"不经一番寒彻骨，哪得梅花扑鼻香"，"罗马不是一天造成的，千年古松不是一日长大的"，"要得工夫深，铁杵磨成绣花针"。悟，虽只一刻，但要能历经长期的修持，修道者要能经得起时间的考验，凡事耐烦，这才是学者应修的第一课。

净空法师头裹土棕色的毛线帽，仿佛北京胡同里一位眉开眼笑的慈祥老人，坐在四合院的门口为孩子们传经布道。

净空法师很爱孩子，除了奔波于各地弘法外，还鼓励孩子读书。过去十年，法师在中国、澳大利亚、印度尼西亚所设立的各项奖学金，帮助莘莘学子完成学业。

用神圣仁慈博爱的教育使各个宗教和睦相处，多种文化都能被平等对待，是他一直以来的心愿。

以语言三昧
给人欢喜
以文字般若
给人智能
以利行无畏
给人依靠
以同事摄受
给人信心

妙語春風

星雲

执著信仰

花是真善美的化身
做人何妨一朵花
多给人一些欣赏
一些气质 一些美感
好的心就像花一样
可以把欢喜给别人

四川武侯祠的玉兰花，在寒意正浓的初春时节里宁静开放。在叶子还没有探出头的时候，花就已先一步绽于枝头。不为争奇斗艳，只为传递春的信息。玉兰纯洁，但并不脆弱。自然，质朴，内蕴独特气质的香。《离骚》中就有这样的诗句：『朝饮木兰之坠露兮，夕餐秋菊之落英。』清泉般的美，一如一副好心肠。

我的愿力是我的

有一位学佛不久的居士在阅读《劝发菩提心文》时，读到一句“金刚非坚，愿力最坚”，居士不懂这个句子的意义，就去请教无相禅师。

无相禅师告诉他：“在学佛的菩提道上，难免由于自己的惰性、业障或机缘不巧等障道因缘而退失菩提心，因此必须靠愿力来支撑、鞭策。历代高僧大德的道业成就，无一不是靠着誓不退转的愿力来完成的，像普贤菩萨有十大愿，观世音菩萨有十二大愿，阿弥陀佛有四十八大愿，地藏菩萨有‘地狱未空，誓不成佛’的悲愿。这许多佛菩萨的大愿，无一不是学佛者的榜样。”

居士仍然不懂：“为什么想成佛，一定要立下普度众生的志愿呢？”

无相禅师说：“如同一棵树，众生好比是树的根，菩萨就像树的花，佛便是树的果。要想一棵树能开花结果，就必须灌溉树根，要爱护它，否则根一受到损害，树就会枯萎了，又怎能开花结果呢？”

信徒听了，也深觉愿力的重要，便问无相禅师的愿力是什么？

无相禅师答道：“我的愿力是我的，不是你的。你为什么不发你自己的愿力呢？”信徒终于心开意解，礼谢而去。

各人有各人的愿力，不必去问别人的愿力，先问自己愿为大众做什么？愿力可大可小，例如：我愿做一头牛，为众效劳；我愿做一棵树，普荫大众。当然我们也可以发愿，成圣成贤，成佛成祖，因为愿力的推动，能让我们忍苦耐劳，甘愿做众生马牛，故所做一切自然会成就，只要愿不虚发，必定能完成。发心，才有力量来完成自己的理想，完成自己的志愿。愿力，是一切成就的根本。

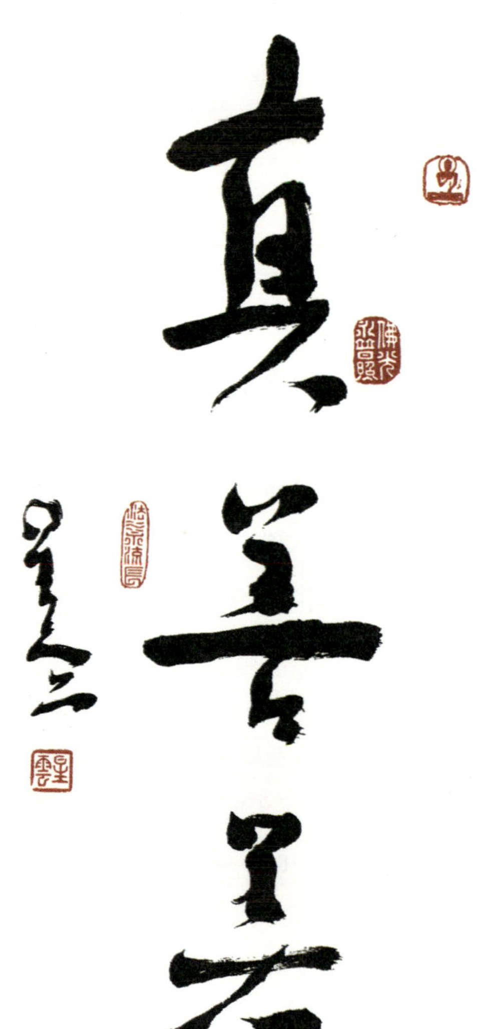

这画面不免让人想起金庸《天龙八部》中的那位扫地神僧，他不费吹灰之力就抵制住了慕容博和萧远山两位武林高手的搏斗，并化解了两人深积多年的恩怨。

武侠小说的高僧总是隐蔽在寺院最不起眼的角落。真正的学佛之人，在平静生活的处处小事中修炼身心，挑水劈柴、做饭洗碗，每天做着锻炼意志的必修之功课。

舍弃名誉，潜心礼佛，做尽善事，就会在平和喜舍的生活中得到满足。

人生有此处　彼处
岁月有今年　明年
人如果能欢喜地生活在
希望里
则生机无限
天天都是过年

千古楷模 唐朝百丈怀海禅师承继开创丛林的马祖道一禅师以后，立下一套极有系统的丛林规矩——《百丈清规》，所谓“马祖创丛林，百丈立清规”，即是此意。

百丈禅师倡导一日不作一日不食的农禅生活，曾经也遇到许多的困难，因为佛教一向以戒为规范的生活，而百丈禅师改进制度，以农禅为生活了，甚至有人批评他为外道。因他所住持的丛林在百丈山的绝顶，故又号百丈禅师，他每日除了领众修行外，必亲执劳役，勤苦工作，对生活中的自食其力，极其认真，对于平常的琐碎事务，尤不肯假手他人。

渐渐地，百丈禅师年纪老了，但他每日仍随众上山担柴，下田种地，因为农禅生活，就是自耕自食的生活。弟子们毕竟不忍心让年迈的师父做这种粗重的工作，因此，大众恳请他不要随众出坡（劳动服务），但百丈禅师仍以坚决的口吻说道：“我无德劳人，人生在世，若不亲自劳动，岂不成废人？”

弟子们阻止不了禅师服务的决心，只好将禅师所用的扁担、锄头等工具藏起来，不让他做工。

百丈禅师无奈，只好用不吃饭的绝食行为抗议，弟子们焦急地问他为何不饮不食？

百丈禅师道：“既然没有工作，哪能吃饭？”

弟子们没办法，只好将工具又还给他，让他随众干活。百丈禅师的这种“一日不作，一日不食”的精神，也就成为丛林千古的楷模！

有人以为参禅不但要摒绝尘缘，甚至工作也不必去做，认为只要打坐就可以了。其实不工作，离开生活，哪里还有禅呢？百丈禅师为了拯救禅者的时病，不但服膺一日不作、一日不食的生活，甚至还喊出“搬柴运水无非是禅”的口号。

不管念佛也好，参禅也好，修行不是懒惰的借口，希望现代的禅者听一听百丈禅师的声音！

生命放光

星雲

找禅心

南天寺无德禅师举行小参时（禅师依学僧的需要，而不定时举行的一种座谈会或开示），无德禅师对学僧们说道："各位来此参学，长者数年，短者也有数月，不知各位找到禅心没有？"

学僧甲说道："我是个主观很强烈的人，除了'我'或'我所'之外，世界上没有什么值得我关心的。但自参禅以后，我才发觉世上的万事万物都要靠因缘才能成就。以往每天只妄想我与我所，实在非常自私，现在发觉除了我以外，还有人，还有佛，我想我握住禅心了。"

学僧乙说道："以前我的眼光总以能看得见、摸得着、享受得到的具体实质为标准。但自参禅以后，现在我不再短视而有远见；不再心胸狭小，而量大如空。我想我找到禅心了。"

学僧丙说道："从前如果说我一天能行三十里路，我绝不去走五十里。但自参禅以后，才感受到以有限生命去证悟永恒的法身时，恨不得不眠不食地每天步行百里，我想我已知道什么叫禅心了。"

学僧丁说道："我由于学历低，经验不足，相对的在处事方面，总显得笨拙，甚至有时会很自卑。但自参禅以后，才发觉自己可以担当弘法利生的重责大任，因此，也不自觉笨拙，也不感觉自卑，我想这就是禅心了。"

学僧戊说道："身材只有五尺的我，平常总抱着'天塌下来总有别人会顶住'的心态。但自参禅以后，才感受到烁迦罗心无动转的信念，现在在人前，总觉自己有丈二之高的身材，我想我已体悟到什么叫禅心了。"

无德禅师听后，点头说道："你们所说的是你们的进步，你们自受用的法喜，这只是一种参究的'初心'，而非'禅心'。真正的禅心在于明心见性。好好精进修持吧！参！"学僧们听后，个个敛目内省，继续去寻找禅心。

参禅，其重要的目的当然是明心见性，但在参禅的过程中，可以改变观念净化身心，激发内力，增加慧思，像以上这几位学生的报告，不亦然乎！

四川的一座小小寺庙的院墙之外，四位僧人正探讨佛理。

三名弟子在上，住持反而站于台阶之下。他的视线远方，是一片湛蓝的广袤天空。

在佛法面前，没有高低贵贱，正所谓教学相长，在教与他人佛法之时，自身也定能获得意想不到的收获。

有些禅者终日奔走于江湖，通过在旅途上遇见的不同人，听到的不同事，增加人生阅历，丰富内心感悟。那些翻来覆去想不通的问题，只因对方一个说者无心，你一个听者有意，就可能瞬间打破萦绕在心中多年的疑团。

一人的智慧有限。交流，便成了智能之泉。

修学有成
弘扬佛法
不断地上求佛道
与同参道侣互相切磋
养深积厚
自我沉潜的修行
才能住持一方

责骂与慈悲

黄龙慧南禅师在庐山归宗寺参禅的时候，坐必跏趺，行必直视。后来云游至泐潭澄禅师道场时，泐潭澄就令他分座接引，指导禅法。这时他的声誉已经名闻诸方了。

云峰悦禅师见到他，就赞叹道："你虽有超人的智慧，可惜你没有遇到明师的锻炼！泐潭澄公虽是云门禅师的法嗣，但是他的禅法与云门禅师并不相同。"黄龙禅师听后，不以为然，问道："为什么不同？"云峰禅师回答道："云门如同九转丹砂，能够点铁成金；澄公如同药物汞银，只可以供人赏玩，再加锻炼就会流失。"黄龙听后愤怒异常，从此不再睬云峰。

第二天，云峰向黄龙道歉，再对他说道："云门的气度如同帝王，所谓君叫臣死，臣不得不死，你愿意死在他的语句下吗？泐潭澄公虽有法则教人，但那是一种死的法则，死的法则能活得了人吗？石霜慈明禅师的手段超越现代所有的人，你应该去看他！"

后来，黄龙在衡岳福岩寺参访慈明禅师，慈明禅师道："你已经是有名的禅师了，如果有疑问，可以坐下来研究。"黄龙因此更是真诚地哀恳。

慈明禅师说道："你学云门禅，必定了解他的禅旨，例如：放洞山顿棒，是有吃棒的份儿，或是无吃棒的份儿？"

黄龙答道："有吃棒的份儿？"

慈明禅师很庄重地说道："从早到晚，鹊噪鸦鸣，都应该吃棒了！"

于是慈明禅师端正地坐着，接受黄龙的礼拜。然后又问道："假如你能会取云门意旨，那么，赵州说'台山婆子，我为汝勘破了也'，哪里是他勘破婆子的地方？"

黄龙被问得冷汗直流，不能回答。第二天，黄龙又去参谒，这次慈明禅师不再客气，一见面就是指骂不已。黄龙问道："难道责骂就是我师慈悲的教法吗？"慈明禅师反问道："你认为这是责骂？"黄龙在言下，忽然大悟，就作了一首偈：

"杰出丛林是赵州，老婆勘破没来由；

而今四海明如镜，行人莫与路为仇。"

在受苦的时候，感到快乐；在委屈的时候，觉得公平；在忙碌的时候，仍然安闲；在受责的时候，知道慈悲。那就是体会出真正的禅心了！

冬季天气最美的时刻，河北一座古朴的庙宇。

一捧阳光照射树枝，在地上留下清晰而晃动的影。两个僧人的背影沐浴在寺院中央的晨光之下。

小禅房的深灰色瓦片，光影斑驳的中灰色树枝，洒满冬日暖阳的浅灰色水泥地面，色调和谐统一，在那一年最冷的时节中，浑然天成，安详无比。

步履蹒跚的老僧人和扶持他走路的小僧人，留下一对背影。背影在诗歌或是摄影中，通常都饱含着最浓稠的情感，蕴涵最深邃的玄机。

对人慈悲，就是最深刻的孝爱仁义。

对父母的慈悲是孝

对亲人的慈悲是爱

对师友的慈悲是义

对众生的慈悲是仁

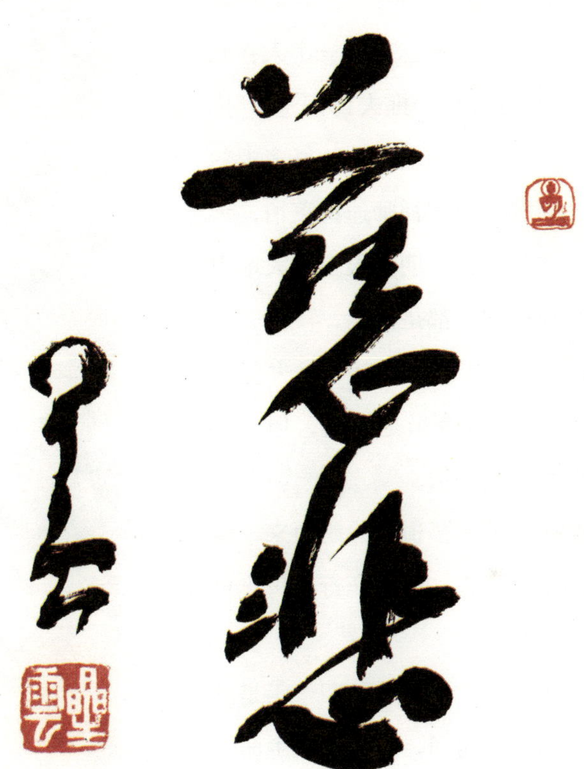

一坐四十年 佛窟惟则禅师，宋朝长安人，少年出家后，在浙江天台山翠屏岩的佛窟庵修行。

他用落叶铺盖屋顶，结成草庵，以清水滋润咽喉，每天只在中午采摘山中野果以充腹饥。

一天，一个樵夫路过庵边，见到一个修道老僧，好奇地向前问道："你在此住多久了？"佛窟禅师回答道："大概已易四十寒暑。"樵夫好奇地再问道："你一个人在此修行吗？"佛窟禅师点头道："丛林深山，一个人在此都已嫌多，还要多人何为？"樵夫再问道："你没有朋友吗？"佛窟禅师以拍掌做声，好多虎豹由庵后而出，樵夫大惊，佛窟禅师速说莫怕，示意虎豹仍退庵后，禅师道："朋友很多，大地山河，树木花草，虫蛇野兽，都是法侣。"樵夫非常感动，自愿皈依作为弟子。佛窟对樵夫扼要地指示佛法的心要道："汝今虽是凡夫，但非凡夫；虽非凡夫，但不坏凡夫法。"

樵夫于言下契入，从此慕道者纷纷而来，翠屏岩上白云飘空，草木迎人，虎往鹿行，鸟飞虫鸣，成为佛窟学的禅派。

一坐四十年，用普通的常识看，四十年是漫长的岁月，但对证悟无限时间，进入永恒生命的圣者，已融入大化之中的惟则禅师来说，这只不过一瞬之间而已。在禅者的心中，一瞬间和四十年，并没有什么差距。

禅者的悟道中，他所悟的是没有时空的差距，没有人我的分别，没有动静的不同，没有生佛的观念（众生与佛）。

"虽是凡夫，但非凡夫之流"，因为人人有佛性，真理之中绝生佛之假名，哪有是凡夫非凡夫的分别？"虽非凡夫，但不坏凡夫法"，禅者悟道，不破坏另有建立，不坏万法，而已超越万法了。

人
对自己的决定
要负责任
要有『一诺即一生』
的信念
如此
诸事皆得成就

在山西流传着这样一种系挂布条的活动：只要在寒食节那天，在万佛崖上悬挂自己的愿望，就可成真。

一位僧人腰系着粗麻绳索，手拿一根纤长的平衡竹竿，通过身体的前后荡漾一步步登山。红布条上写的是祈福者的名字，以实现愿望，保佑平安。

在寒食节祭拜祖先的传统中，深深蕴涵着忠孝廉洁的理念。提醒现在的年轻人，要保有一颗担得起责任的心，才能对得起父母，对得起祖先。

正字与反字

有一个沙弥满怀疑虑地问无名禅师道："禅师，您说学佛要发心普度众生，如果是个坏人，他已经失去了人的条件，那就不是人了，还要度他吗？"禅师没有立刻作答，只是拿起笔来，在纸上写了一个"我"字，但字是反写，如同印章上的文字正反颠倒。

禅师问道："这是什么？"沙弥道："这是个字，只是写反了。"

"什么字呢？"

"一个'我'字！"

禅师追问："写反的'我'字算不算字？"

"不算！"

"既然不算，你为什么说它是个'我'字？"

"算！"沙弥立刻改口道。

"既算是个字，你为什么说它反了呢？"

小沙弥怔住了，不知如何作答。

禅师："正写是字，反写也是字，你说它是'我'字，又认得出那是反写，主要是你心里真正认得'我'字；相反，如果你原不识字，就算我写反了，你也无法分辨，只怕当人告诉你那个是'我'字以后，遇到正写的'我'字，你倒要说写反了！"

禅师又接着说："同样的道理，好人是人，坏人也是人，最重要的在于你须识得人的本性，于是当你遇到恶人的时候，仍然一眼便能见到他的善恶，并唤出他的'本性'，本性既明，便不难度化了。"

善人要度，恶人更要度，越是污泥，越可长出清净莲花；放下屠刀，可以立地成佛。所谓善恶正反，只在一念之间。"善恶是法，法非善恶"，从本性上看，没有一个人不可度啊！

文字的力量和影响
超越时空的变迁
透过文字的传播
源远流长了数千年的佛法
解救了无数悲苦的生命
成就了无数开悟的人生

山西五台山的一座寺院，正午的阳光肆意泼洒在石板上。炽烈的阳光中，巨大的斗笠下，是一颗清凉镇静的心。

练字，是这位僧人每天必做的功课。他提着笔的右臂愈来愈有分量，用笔蘸水，一挥而就。写字如播种，洒下一个『勤』字，才得刚劲笔锋，练出人生的感悟，练出深入骨髓的不屈性格。

從容生活

星雲

活得快乐

有三个愁容满面的信徒去请教无德禅师，如何才能使自己活得快乐。

无德禅师："你们先说说自己活着是为了什么？"

甲信徒道："因为我不愿意死，所以我活着。"

乙信徒道："因为我想在老年时，儿孙满堂，会比今天好，所以我活着。"

丙信徒道："因为我有一家老小靠我抚养。我不能死，所以我活着。"

无德禅师："你们当然都不会快乐，因为你们活着，只是由于恐惧死亡，由于等待年老，由于不得已的责任，却不是由于理想，由于责任。人若失去了理想和责任，就不可能活得快乐。"

甲、乙、丙三位信徒齐声道："那请问禅师，我们要怎样生活才能快乐呢？"

无德禅师："那你们想得到什么才会快乐呢？"

甲信徒道："我认为我有金钱就会快乐了。"

乙信徒道：“我认为我有爱情就会快乐了。”

丙信徒道：“我认为我有名誉就会快乐了。”

无德禅师听后，深深不以为然，就告诫信徒道：“你们这种想法，当然永远不会快乐。当你们有了金钱、爱情、名誉以后，烦恼忧虑就会随之占有你。”

三位信徒无可奈何地道：“那我们怎么办呢？”

无德禅师：“办法是有，你们先要改变观念，金钱要布施才有快乐，爱情要肯奉献才有快乐，名誉要用来服务大众，你们才会快乐。”

信徒们终于听懂了生活上的快乐之道！

禅的境界是自主、解脱、安静、快乐，但禅也是促进快乐的泉源。钱少没有关系，只要有禅，禅里的宝藏很多；没有爱情，禅里有更多美化的爱情；没有名位，禅里的名位更高。禅者，重要的是改变观念。

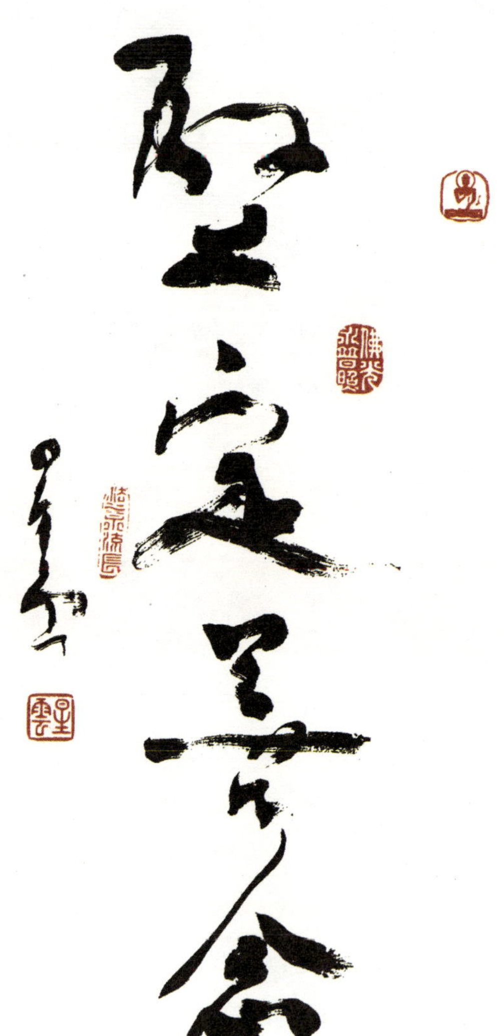

湖南张家界的一座观音庙，为庆祝观音生日而进行施舍斋饭的活动。银发老太端着热气腾腾的米饭，旁若无人地嗅着香气。

斋饭，米粒洁白素净。它是佛祖慈悲的赐予，让你在饱餐后体会知足的乐趣。台湾首富郭台铭曾在接受媒体访问时说，吃面的时候最满足。因为父亲是公务员，从小给他安贫乐道的言传身教，虽然如今有家财万贯，但最快乐的事情还是吃一碗妈妈亲自煮的面条。知足即人生。

人只要知足
虽贫无立锥之地
犹以为富
若不知足
虽处天堂
亦不能称意

一生万千

在一座寺院里，所有的四十八单执事都很重要，但其中煮饭烧菜的典座特别辛苦，特别忙碌，因此大家也对他们特别尊敬。要把典座这个职务做好，不仅仅是要把饭菜煮出味道来，尤其对于常住的米、菜、油、盐更要爱惜，所谓“爱护常住物，如护眼中珠”。凡是公家的一粥一饭都不可糟蹋。

来寺参学的石霜庆诸禅师，在沩山灵佑禅师那里负责典座，管理米粮。有一天，他正在筛米时，住持沩山禅师来了，并对他说：“不可将米粒抛撒浪费，因为每一粒米都是施主布施的，都是檀那的功德。”

石霜禅师听了回答道：“我一向很小心，对于每一粒米都不敢任意抛撒。”

沩山禅师就在他筛米的四周看了一看，忽然从地上拾起一粒米，向石霜禅师说：“你说你向来都不抛撒、不糟蹋一粒米，那么这一粒是从哪里来的？”

石霜禅师默默无言，无话可答。

沩山禅师接着说：“莫轻这一粒米，因为百千万粒从这一粒生。”

石霜禅师立刻把握机会问道：“百千万粒从这一粒生，那这一粒从哪里生出来的？”

沩山禅师不答，哈哈大笑地回方丈室去了。

黄昏时，禅师才出现在禅堂，对参禅的大众说道：“大家听着，米里有虫。”

一粒米能生千万粒，那粒米从哪里生的？当然是从千万粒生的。“一生万法”、“万法归一”，沩山灵佑禅师当然知道这么简单的道理，但他要到黄昏后才说“米里有虫”，这又更深一层地接触到“生而无生”的真理。

从万物欣欣向荣里，再能回到不生不灭的真相中，“米里有虫”，这一句话还不够深思吗？

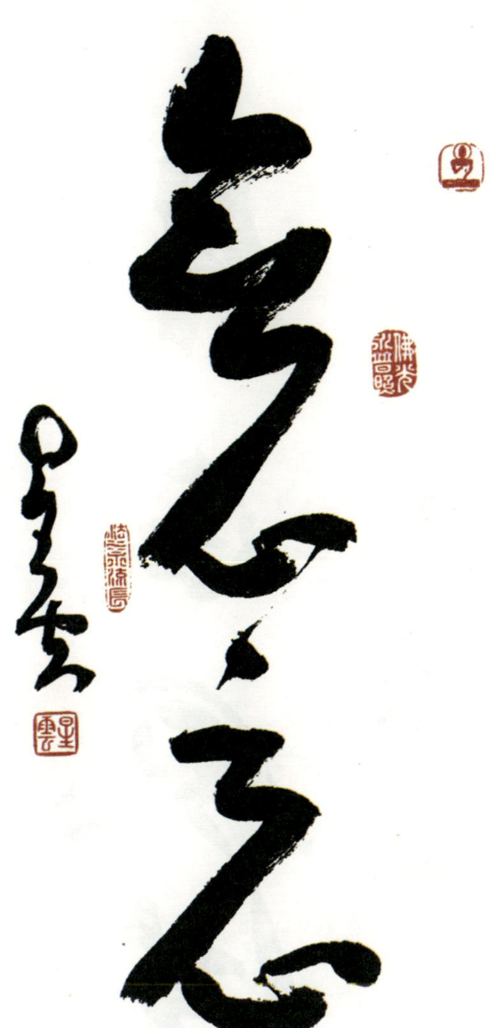

月白風清

包容无限

拥有更多儿女 杨太太家里惨遭祝融之灾，幸亏自己躲避得及时，逃过一劫。当她惊魂甫定之际，突然听到幼女还在地下室求救的声音，于是赶紧冲入火宅。然而女儿被她抱出来时，已是全身焦黑，一命呜呼了。

杨太太整日以泪洗面，耳边始终听到女儿的呼叫声。为了替女儿尽最后一份心意，没有信仰、从不拜佛的她，主动请求佛光山台北道场为女儿诵经超度。然而法师们法务繁忙，临时无法抽身。杨太太在万念俱灰下，想到友人曾和她说："《普门》杂志是佛光山的事业之一，社长为出家人。"于是打电话向社长永芸法师求助："我在太平间的女儿等不及了，她就要送到火葬场。"永芸法师一听，立时答应前往，为她女儿诵一卷《阿弥陀经》。

虽然如此，仍无法抚平杨太太的创痛与愧疚。只见她时而号啕大哭，时而落寞神伤。有一天，她在啜泣时，永芸法师的话霎时自心底浮现："爱，不单只对自己的儿女付出，你何不将自己的感情扩大升华呢？佛光山台北道场设有才艺班、儿童班，有空不妨前去看看。"她决心到台北道场走走，顺道探望永芸法师。

一年过去了，她成为台北道场的忠实义工，每天欢欢喜喜、全心全意为青少年服务。从阴霾中走出的她对永芸法师说："我虽然失去了一个女儿，但因为您的一番话，我拥有了更多的儿女。"

爱太过于狭义，容易为情爱捆绑。能持有《梵网经》中的观念："一切男子是我父，一切女人是我母。我生生无不从之受生，故六道众生皆是我父母。"及儒家"老吾老以及人之老，幼吾幼以及人之幼"的胸怀，把爱"推己及人"，从自己的父母妻儿，推至亲朋好友；从血缘至亲扩大去爱有缘无缘的众生。发挥"无缘大慈、同体大悲"的精神，生命就能因而丰富精彩，自在无挂碍。

当你手持香火，闭上双眼，感受周围烟雾缭绕；当你凝视着飘忽不定的火苗，脑中浮现出亲人的笑脸；佛香会渐渐燃尽自己的身体，将祝福带给你心里记挂的那个人。

我们可以成为什么样的人，取决于我们的心有多大。

如果心容得下一家人，就可以成为家长；容得下一座寺院的人，就可以成为住持；容得下一国的人民，就可以成为一位国君。

当你忘记自己身在何处，只是诚心诚意愿众人快乐，你会感受到炽热的佛心在自己的身体里燃烧，似那炷香火。

热爱生命的人
必懂得找寻快乐的人生
自在的人生
自性的人生
包容的人生
把自己扩大
慈悲待人
心中自然富有

在一座台湾的民间庙宇，母亲单手拎起孩子，看着他用稚嫩的小手专注地上香。
母亲带孩子来到这里，是想让他早日熟悉庙堂的气氛，从而能一直保持着这颗纯真、善良的心；是想要在他这颗幼小心灵里灌入虔诚、庄严、不受世俗干扰的宁静。
身教重于言教。
在儿女幼年之时，带他来亲身祭拜佛祖，结下因缘。
而在平时，父母更要以自己的善行教育子孙。

一个善小的因缘
点点滴滴
化育菩提幼苗

禅师与兰花

在禅宗的古德里面，有一位金代禅师，他非常喜爱兰花，在讲经弘法之余，把整个时间都花在兰花上面，把兰花看成是他的生命一样。

有一天他要外出云游，就交代弟子说：“寺里的兰花要好好地照顾。”当弟子奉命为兰花浇水的时候，一不小心将兰花架子碰倒了，整个兰花就跌碎了。弟子们都非常恐慌，只有等师父回来时，向师父忏悔认错，请求处罚。

金代禅师回来后，知道兰花被弄坏了，他召集弟子们讲话，不但没有责怪，反而安慰他们说：“我种兰花，一来是希望用香花供佛，二来也是为了美化环境，不是为了生气才种兰花的。”弟子们一听，才把恐惧的心放下来。

金代禅师说：“不是为了生气而种兰花。”这一句话非常重要，这一句话如果用在日常生活里面，用处也会很大。例如：父母生儿育女，儿女有时候会使父母亲烦恼生气，假如父母生气时，心里想：“我们生儿育女，不是为了生气。”朋友之间难免会有一些误会，但损伤感情的时候，可以想：“我们交朋友，不是为了生气。”甚至于夫妻结婚了，在一起生活难免有一些争议，当意见不和的时候，互相也要想：“我们结婚做夫妻是为了恩爱，不是为了生气。”那么这些不满的情绪，就可以化解了。

金代禅师能够割舍心爱的兰花而不动怒，当我们在受气的时候，也该像金代禅师这样看得开，如此，生活必定会幸福美满。

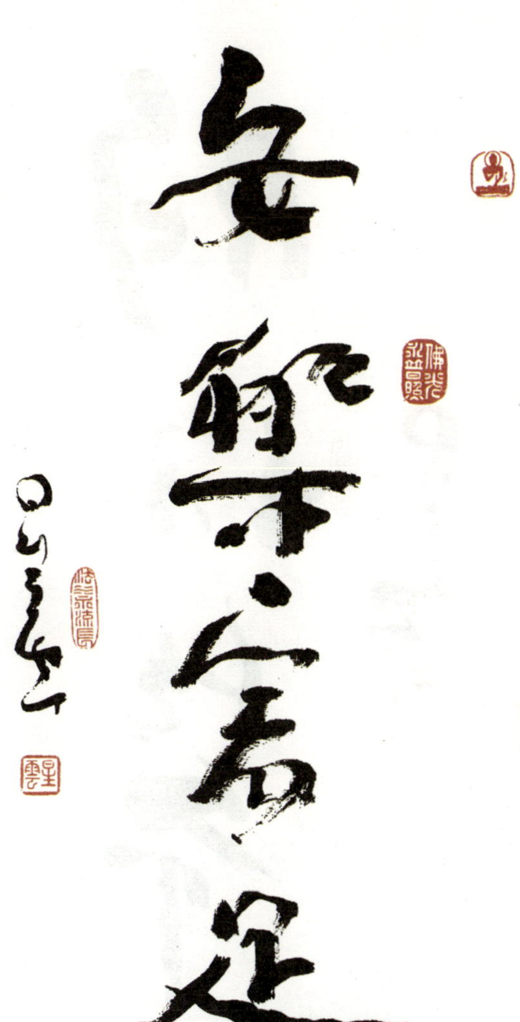

胸怀法界

星云

六尺巷 清朝的老宰相张英及小宰相张廷玉，父子俩在朝廷里能够官及宰相，除了有满腹的学问，认真机智以及对朝廷忠心耿耿以外，他们的为人处世也备受崇敬。

安徽桐城有一条小小的六尺巷，每个到桐城的人都要到此一游，正是因为流传着一个为人称道的故事。

这条六尺巷两旁，一边住的是张英的儿子，一边则是吴姓宅府。传说张英的儿子，有一天想要重建房子，请来地政官丈量土地，却发现隔壁吴府占了自家的地，便与之理论。在争不过的情况下，写信给当时任职于文华殿大学士兼礼部尚书的父亲帮忙。张英收到信后，便回了一首诗：

“万里投书只为墙，让他三尺又何妨，

长城万里今犹在，不见当年秦始皇。”

张英的儿子看了很惭愧，便让出三尺，吴府的人也感到理亏，跟着让出三尺，就成了这条“六尺巷”。

这则故事蕴涵着中国传统的恕道与谦让的美德，千年来，已成为桐城人民的精神象征，凡有所争，大家都会以这“六尺巷”为圭臬。

反观自身，为人处世若事事斤斤计较，想必也将活得乌烟瘴气。现在的建筑法里，规定屋子与屋子间要有防火巷，有些人或许会舍不得这点空间，然而一旦祝融造访，就只得坐困愁城了。

“万般带不去，唯有业随身。”生存于世，万般计较，到头来又能带走什么呢？不过是黄土一抔，唯业随身。若能运用金钱，与人有益，金钱才是你的；懂得运用名位，造福大众，名位才是你的。把所拥有的欢喜助人，才是最圆满的人生。

成见不空 有位学者，特至南隐禅师处请示什么叫做“禅”。

禅师以茶水招待，在茶倒满杯子时，并未停止，仍又继续地注入。眼看茶水不停地一直往外溢，学者实在忍不住，就说道：“禅师！茶已经溢出来了，请不要再倒了。”

“你就像这只杯子一样！”南隐禅师说道，“你心中满是学者的看法与想法，如不事先将自己心中的杯子空掉，叫我如何对你说禅？”

自满、傲慢、一直怀着成见的人，就算天降甘露，也无法流入他的心中。

器皿要装入真理的法水，一要空而无物，二要清洁无染，否则即使再好的饮料，也会变质。

以智慧净水
洗清妄想分别
以般若火炬
照亮内心世界

普陀山上的一家寺院，青年和尚用香将莲花灯点燃，任其温暖地安静燃烧。

这一天是南海观音的生日。

到场的成百上千名信徒每人分发一个红色的钵，端着钵排队走一趟既定的路线。从寺院走到水边，将插有香烛、鲜花和彩色小纸旗的莲花灯放到水面上，以表礼佛，同时许下心愿。之后再从水边绕回寺院，形成一个周满的圆。这样的仪式，将人们的心洗涤纯净，带着祝福走向往后的人生。

一尊藏黑色的塑像屹立在西安大雁塔前。他左手挂佛珠行单手礼，右手持华丽的禅杖，这位相貌端庄的青年法师，正是玄奘。

在《西游记》里，他是那个善良、正直，却有些迂腐、懦弱的师父，而在真实的历史中，他有着非同常人的毅力，是一位意志坚强、性格坚定的人。真正的取经之路艰辛得令常人难以想象。他一个人携一把破旧油伞，孤独西行，历经了十七个春冬，才从天竺取得真经。

其实，玄奘西行求经的举动并没有得到李世民的恩准，他是以一个逃犯的身份出发的。而他非同常人的毅力却打动了那位在印度比哈尔邦那烂陀寺的年近百岁的大师——戒贤。最终他以英雄的姿态，将佛经带回祖国长安，成就了一段不可磨灭的历史，一个追求理想的形象，一篇流芳百世的传说。

生命之所以有意义
在于能为生命留下历史
为社会留下慈悲
为自己留下信仰
为人间留下贡献

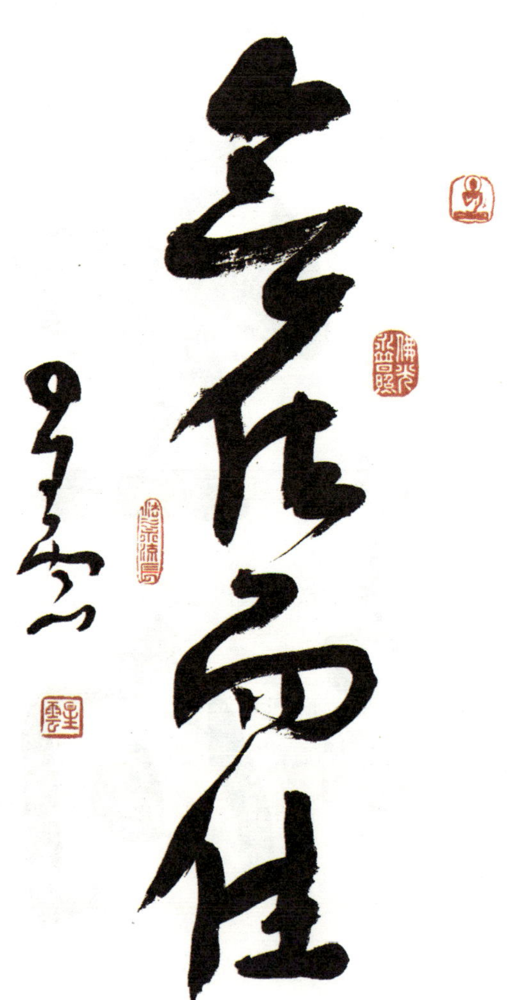

慈悲 有兄弟三人，虽然没有出家，但是喜好打坐参禅，因此就跟随佛光禅师学禅，时日一久，为了求更高的悟境，一起相约出外行脚云游。有一天，在日落时借宿于一个村庄，恰巧这户人家的妇人刚死去丈夫，带了七个子女生活。第二天三兄弟正要上路的时候，最小的弟弟就对两位哥哥道："你们两位前往参学吧！我决定留在这里不走了。"

两位哥哥对于弟弟的变节非常不满，认为太没有志气，出外参学，才见到一个寡妇就动心想留下来，气愤地拂袖而去。这位新寡妇人一个妇道人家要独自抚育七个年幼的孩子实在不容易，幸好有这位师弟自愿帮助她。她看到三师弟一表人才，就自愿以身相许。

三师弟说："你丈夫刚死不久，我们马上就结婚实在不好，你应该为丈夫守孝三年，再谈婚事。"

三年以后，女方提出结婚的要求，三师弟再拒绝道："如果我和你结婚实在对不起你的丈夫，让我也为他守孝三年吧！"三年后，女方又提出要结婚，三师弟再度婉拒道："为了彼此将来的幸福美满，无愧于心，我们共同为你的丈夫守孝三年再结婚吧！"

三年、三年、再三年，经过九年，这一户人家的小儿小女都长大了，三师弟看到他助人的心意已完成，就和妇人道别，独自步上求道的路。

这位三师弟，喜好参禅，他虽然不入山打坐，反而为一家孤儿寡母服务，不为世间的五尘六欲所转，反而转变秽土为净域，可以说这位师弟才是真正懂得禅机的。所谓禅者，如果能活用，好比苦海的舟航、黑夜的明灯，更是救世的良方。

我们什么都可以失去
但不能失去慈悲

曾有人问星云大师，如果只能在你身上留下一样东西，其余的全部拿走，你要留下什么？

大师答曰：慈悲。

我们有时祈求上天赐予慈悲。

莫力达瓦的达斡尔族人民，于每年的六月二十八日，隆重举办斡包节。他们用盛宴祭奠神明，祈求风调雨顺，丰收有余。

愿给予一切众生安乐叫做慈；愿去除一切众生痛苦叫做悲。

如此一来，慈悲对他对己，都是莫大的功德。

慈眼視衆生

因缘篇

微笑欢喜

拖耳耳长

布袋禅师为五代时人，应化于浙江奉化县。自认为自己能上契诸佛之理，下契众生之机，故称为“契此”；又因身体肥硕，外号为“长汀子”。

布袋禅师终日袒胸露腹，出语无定，常以锡杖荷着布袋，右手提罗汉珠游化四方，见到人便向人乞讨，得来的东西全藏于布袋内，故世人皆称之为“布袋和尚”。

有一次，浙江天童寺过堂打板时，僧众们陆续排班入座，嬉笑疯癫的布袋和尚，不知从什么地方出来，毫不客气地就往斋堂中央方丈和尚的位置上坐下来，纠察师一见，非常不客气地喊他下来，布袋禅师却视若无睹。行堂师也向前要拉他下座，无奈他稳如泰山，动也不动一下。眼看住持密禅师就要驾到，纠察师一急，赶忙走到中央，气呼呼地用手揪住布袋禅师的耳朵，想把他拉下座来，谁知布袋禅师的耳朵被纠察师拉了一丈多长，耳朵已经拉到斋堂门口，而身体却丝毫不动地安坐在中央。两旁的大众一见，都吓得目瞪口呆！住持密禅师见此情形，就对纠察师说道：“让他在上座，我就坐在他后面好了。”

从此以后，每天受午供的时候，布袋禅师就来了，且老是不客气地坐在斋堂中央饭桌上。至今各寺院五观堂中，中央还有供奉弥像（布袋禅师）的遗风。而浙江天童寺的斋堂，更有偈曰：

“弥勒示贫相稳坐主位，当纠察师拖耳耳拖长；

密祖现海量喜让客居，命侍者移座座移位。”

五代梁贞明三年，布袋禅师于岳林寺殿前一大盘陀石上，结跏趺坐示寂，遗偈曰：

“弥勒真弥勒，分身千百亿；

时时示时人，时人自不识。”

布袋禅师，戏人间，因其遗偈，人皆以弥勒菩萨称之。布袋禅师心宽体胖，常露笑容，人皆尊他为欢喜佛。世界各国佛教徒家家正堂之上，均供奉观音菩萨像，此皆因慈悲、庄严，人人要也；弥勒菩萨更能走进异教徒家中，如欧美人士正厅中常有陈列布袋禅师圣像，盖因欢喜、大肚量，人人要也。

佛教能普及人间，走进家庭，观音、弥勒二大士实居功甚伟。

金银财宝为世人所爱
但是
世间的财宝有限
有量
有尽
心中拥有佛法的财富
是无限
无量
无尽
那才是真富有

布袋和尚契此在临终前说了

『弥勒真弥勒，
分身千百亿。
时时示时人，
时人自不识』四句偈语，人们才知道原来他就是弥勒佛的化身。

以契此为原型，后人又加上了笑口常开的特征，就形成了矮身大肚、笑容可掬的典型的弥勒佛形象。这形象昭示众生，做人当宽容、快乐。

拥有智慧，你便知道了如何广结善缘，净化烦恼；

拥有喜乐，你便获得了开怀的胸襟，健康的体魄。

这远比有形的财富还要珍贵得多。

讲一句好话
可以让人感动
一个笑容
也能让人感动
成就一件好事
都能让人感动
感动的世界很美丽
感动的人生最富有

四个身穿红衣的孩子，来自九寨沟的藏族村落。她们是新生的希望，虽住在偏远的山区，却接受了来自全国各地的友爱之手，在希望小学中学习知识，在潺潺河水边大声读书。她们虽然穿着破旧，但在那羞涩的笑容和发亮的眼睛里却分明有着快乐和信心。用欢喜结缘，产生的幸福用再多金钱也买不到。学会保持笑容或是每天讲一句赞美的话，让自己轻松，令别人快乐。

小费的故事

香港人宗教信仰相当虔诚，然而每逢赌马比赛的日子，他们却避讳见到出家人。他们认为见到出家人“光头”，会让他们输个精光，出租车更是拒载出家人。

多年前，我经常到香港弘法，为了改变香港人的成见，每逢搭乘出租车，我都会在车资外，额外附上丰厚的小费，让他们发财，让他们欢喜。更在红磡体育馆的演讲上提出：“出家人就是财神爷，能带给众生精神上的财富，出世间的财富。”话语甫毕，台下掌声雷动。如今到香港坐出租车，司机反而不收我的钱了。

现在不论我走到哪里，香港人见到我都特别欢喜，偶尔到餐馆用餐，每当付款时才发现已经有人为我付款了。几十年在香港的岁月，这些小小的善缘，为自己结下更多的好因缘。所以化缘不一定化钱，更应以利乐众生为目的。

每每弘法在外，只要住饭店，隔天早上我必定会在枕头上放一点小费；在餐馆用餐，也必定给服务人员小费。我认为，小费就是给一点欢喜钱，是一种人情味的表现。在小小的布施当中，自他皆欢喜；在小小的布施当中，培养慈悲心，养成广结善缘的好习惯。

在一次一次的欢喜结缘当中，将会发现这种人与人之间的互动是多么美妙，多么不可思议！

思維

星雲

從善如流

星雲

化冬 在大陆丛林里，每当春节将至，寺院僧众便开始拜访信徒，挨家挨户地把吉祥门铃及平安符送到信徒家中，信徒回以一碗米，称为“化冬”，也就是“化缘”。

记得在丛林参学时期，家师常嘱咐我代表常住出去“化冬”，为方圆几百里的信徒发送对联，讲一些吉祥的好话，或者给信徒一点佛法。当他们高兴地将米粮放在我的担子里时，我深深体会到：化缘，不一定是化钱。化缘要化对方的心，要能够感动对方，不是强迫别人做不乐之捐，而是化得一份欢喜，一个善缘。化缘，这个“缘”字很美。人生存在这个世界上，靠的就是一个缘，宇宙万有的存在，也是靠一个缘。例如，我们所住的房子，如果没有木材、水泥、砖瓦这种种因缘条件的结合，如何能有房子的产生？人，如果没有皮肉、骨头、毛发、五脏六腑等器官组织，就不能成人。在世间生存，要读报纸，要看电视，更要士农工商供应日常生活所需。以至，佛教相当强调结缘的重要。

由此可知，化缘是一种欢喜的、平等的、互动的，别人给我，我也给人。所以，信徒以钱财与法师结缘，法师以佛法跟信徒结缘，财法二施要平等，不可以有来无去，或者有去无来。

在化缘当中，与人结缘，与人交心、交流，是一件极其神圣、善美的事。可惜的是，现在却遭到许多人误解、滥用，使得这项在佛教流传千年的善美制度，频生弊端，只是一味向信徒劝募，或者沿街乞讨，忽略了信徒内心的需要、感受，与经济的状况。“化缘化心”，广结善缘，给一份欢喜，将人心导入正道，才是化缘的真正意义。

未成佛道
先结人缘
存心欢喜
恭敬
祝福
就是结缘
给人好因好缘
则是最好的供养

星云大师双手捧着一束艳丽的花，笑意满满，上台做最后的感谢。这是佛光山梵呗赞颂乐团在中国大陆的首次演出。

大师喜欢四处结缘。常有人让大师给他们一句话，用来提点人生。很多人就因为这一句话开窍顿悟，过上了与以往截然不同的人生。

一次，有个人为佛光山捐赠款项，大师就赠他一幅字，作为感谢。捐款换字的故事不胫而走，便有很多人来捐款，只为得到大师的一幅珍贵墨宝。星云就把这些钱都汇集起来，出资办了一所学校。而那些捐钱之人，就因为大师的缘故，和佛学院中的学生们产生了一层善缘。

一个居心宽厚的人
眼睛所见
条条都是大道
足迹所到
处处都能无所障碍

收获的日子总是异常愉快的。
在香格里拉的一位藏族小伙子，开着拖拉机，载着他的家人以及一车的青年喇嘛去田间收青稞。
他们径直看着镜头，脸上的肌肉柔和地笑作一团，嘴角上扬成欢快的弧度。漆黑的眼里有掩饰不住的幸福，深邃的瞳孔里仿佛能看见青稞麦浪随风翻滚。
勤劳而知足的人，从不过多地要求什么。心却如麦田一般广阔，怡然自得。

欢迎停车 在美国洛杉矶创建西来寺时，规划的停车位约三百个，当时我想：即使信徒游客再多，三百个停车位必定够用。几年发展下来，访客人数日渐增加，每逢周日、节庆，三百个停车位根本不够使用，即便连寺前的道路也充分利用了，还是不够。因此，信徒、访客就必须辛苦地将车子停放到离寺院较远的地方，我们虽然过意不去，也无可奈何。

停车位不敷使用的问题，却在美国人一种“给人方便”的性格中，欢喜解决了。有一个叫海拓的社区，居民知道西来寺的停车场不够，就在自家门口写下“欢迎到海拓来停车”的广告牌。此外，西来寺山下有几十户居民，若车库前面仍有空地，他们也在车库前写下“欢迎停车！三部！”几个大字。美国人这种“给人”的精神，不需要很大的牺牲，却给人很大的方便与感动。

我们待人处世时，也能够惠而不费，既帮助别人，自己也没什么损失，何乐而不为！有时候口头讲几句好话，就能给人帮助，有时候给人一个笑容，也能给人帮助。

在美国，路上遇到不认识的美籍人士，见面时都会主动向你说声“哈啰！How are you?”跟你问好。反观我们，是否在与人见面时，能够主动表示一点关怀，多一些和悦的表情与笑意呢？

所以，中国人的民族性必须改革，国家才会进步。怎么改革呢？先从待人好做起，对人说几句好话，布施一点小小的东西，甚至提供停车的空间，发愿“给人”一点方便与欢喜，让小小的心意慢慢扩散、影响，无形中就能改善社会风气，强大国家的能量。

这尊供在平遥古城大雄宝殿里面的观音塑像，形态极为罕有，潇洒浪漫，神秘又亲切。佛像雕塑只是用很普通的水和泥土制成，却因能工巧匠在烧制时的一颗诚挚之心，而成为众人祭拜的佛祖。这是一种缘分。有些游客到佛光山参观，在看过大佛雕像后，以不屑的口气嘀咕：『佛光山都是水泥做的。』这时，星云大师就会回应他们：『我们只看到佛祖，没有看到水泥。』

世间乃众缘和合之世间
如水与土 平常物也
但将两者合制为佛陀圣像
则尊贵无比
此即因缘和合为贵之明灯

去了依赖性

德山宣鉴禅师，四川剑南人氏，参龙潭崇信禅师悟道。德山禅师初到龙潭的时候，因为受点心婆子的教训，似乎牢骚满腹，在山门外大声叫道：“说什么圣地龙潭，既不见龙，又不见潭！”

崇信禅师在山门内应道：“你已到了龙潭！”

德山禅师闻此应声，有所契悟。从此德山禅师随侍龙潭崇信禅师参禅。

一日夜晚，德山禅师站在崇信禅师身旁，久久不去，龙潭禅师说道：“时间已经不早，你怎么不回去休息？”

德山禅师向门外走了几步，回头说道：“外面天黑！”

龙潭禅师点了纸烛给德山禅师，德山禅师正想用手去接，龙潭禅师一口气又把纸烛吹灭，德山禅师于此大悟，立刻向龙潭禅师顶礼，良久不起，龙潭禅师便问道：“现在一片漆黑，你见到了什么？”

德山禅师说道：“弟子心光已亮，从此不再疑天下老和尚的舌头了。”

德山禅师悟道后，侍奉龙潭禅师三十余年，八十四岁圆寂！

德山禅师为了不同意禅门顿悟的说法，特地担了他的《金刚经》批注到南方挑战，刚到南方，被点心婆子一番教训，指示他参访龙潭禅师。德山禅师未能服膺顿悟的禅道，总因众生一向对自我的自信不够、肯定不够，而总希望诸圣加被，渐渐觉悟。他以为不见龙不见潭，但崇信禅师告诉他，已到了龙潭，这便是给他一个当下即是的感受。崇信禅师又把烛光吹熄，这也说明了不可依赖别人，一切要靠自己，德山禅师终于顿悟，即刻表明心迹，依赖性一除，所谓心灯亮了。

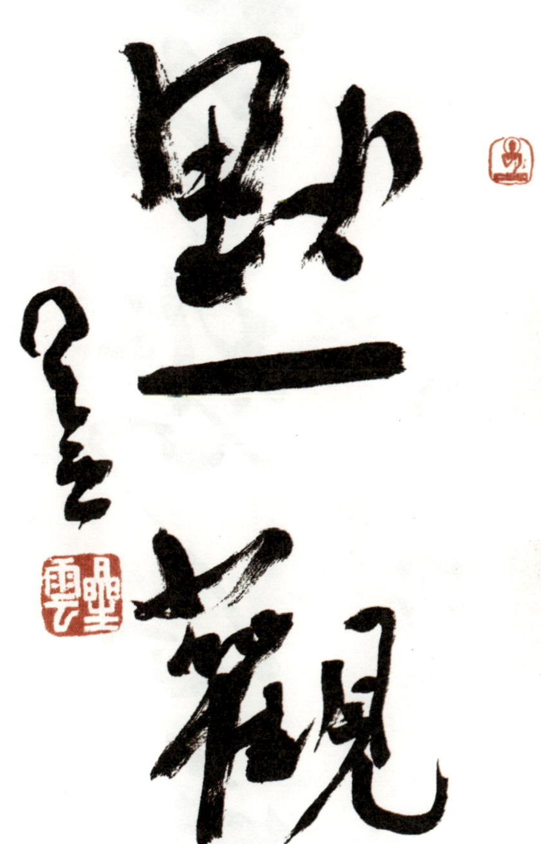

慈悲心香

禅师的眼泪

空也禅师有一次出外弘法时，经过一条山路，突然蹿出很多土匪，拿着刀剑向他索取“买路钱”。空也禅师看了以后，不觉掉下眼泪。土匪一看空也禅师落泪，哈哈大笑说道：“这么一个胆小的出家人。”

空也禅师说道：“你们不要以为我流泪是怕你们，生死我早就置之度外了。我只是想到你们这些年轻力壮的人，有力气而不为社会工作、为人服务，却每天在此打家劫舍，我想到你们所犯的罪过，固然为国家的法律、社会的道德所不容，将来还要堕入地狱去受三涂之苦，因此为你们着急而流下了眼泪！”

强盗们听了，终于抛弃贪欲嗔恨的心，而皈依在空也禅师的座下。

眼泪，有悲伤的眼泪，有欢喜的眼泪，有感动的眼泪，更有慈悲的眼泪。空也禅师的眼泪，就是慈悲的眼泪。慈悲的眼泪从慈悲的禅心中流出，就是强盗土匪，在慈悲的眼泪之前，也会息下嗔恨的邪念，有禅心的人们，不用心灰意懒，以慈悲的心、慈悲的眼泪，来洗尽心间的罪业吧！

开悟的扫把
人人手中不缺
只要不忘
『拂尘除垢』
自己内心的这座庙堂
也将袅袅散发著清香

法门寺的佛指舍利抵达香港。佛指被保护在透明的玻璃罩中，防止落上灰尘。即使这样，在安放好佛指舍利后，也要经常打开外罩除去表面和缝隙里的尘埃。

而人心也需除尘。这尘埃就是我们心中萦绕不去的烦恼杂念，若积累得太多，易生心病。世上本没什么是你的。当你感到世间万物都乃身外之物，均可舍弃的时候，那么万物其实都已成为你心中之物了。

奉献助人

饒益有情

星雲

星云大师站在院落中央，身边簇拥着一群愉快的弟子。他们身后的接引大佛是佛光山最突出的标志。

佛像右手比肩，掌心向前，寓意『无畏』，左手下垂做迎迓状，寓意『接引上天』。佛像全身贴金，面朝东方。每在朝阳暮霞的映衬下，即现金光万丈，佛法无边。

接引大佛开光法语

采高屏之沙石
取西来之泉水
集全台之人力
建最高之大佛

买鞋加价

1964年夏天，叶鹏胜的父亲背了一袋僧鞋，顶着烈日，汗流浃背，来到寿山寺兜售。我当时为了筹措办学经费，经济十分困难，但是想到当年出家人很少，僧鞋的生意一定不好，于是上前问他价钱，他说："一双三十元。"我掏出四十元向他购买一双，他抬起头来，奇怪地望着我："别人都要求我打折扣，为什么你不还价，反而还要加价？"

我说："贩卖僧鞋很困难，如果你不做生意，我们就很难买到僧鞋。如果你能多赚一点利润，拿这些钱来改善品质，大量生产，可以便利我们购买。所以，我这样做，不只是为了帮助你，更是在帮我自己，你安心收下吧！"

"我从来没听过世上还有这种道理的！"他摸着后脑勺。

我进一步解释："三十元一双僧鞋不能赚什么钱，不但品质不能提高，反而因为不赚钱，索性结束经营，那时我就没僧鞋可穿；四十元一双，让你多赚一点，有资金提高品质，买的人就愈多，生意就会愈做愈大，那么我就有僧鞋穿了。所以才说我不是帮助你，而是为了帮我自己。"卖僧鞋的小贩才恍然大悟，后来，更将自己的儿子叶鹏胜送来就读沙弥学园。

凡事懂得"放长线钓大鱼"，不求近处利益，将眼光放得远放得开，当下的美好不错失，未来更是希望无限。因为能欢喜舍弃当下的小利益，才能坐收未来。买鞋小贩不知我以十元投资未来，欲求佛教的事业能扩大于无限，出家人购置僧鞋也方便，反而双方皆获利，皆大欢喜也！

回向

有一个农夫，礼请无相禅师到家里来为他的亡妻诵经超度，佛事完毕以后，农夫问道：“禅师！你认为我的太太能从这次佛事中得到多少利益呢？”

无相禅师照实说道：“当然！佛法如慈航普度，如日光遍照，不只是你的太太可以得到利益，一切有情众生无不得益。”

农夫不满意道：“可是我的太太是非常娇弱的，其他众生也许会占她便宜，把她的功德夺去。能否请您只单单为她诵经超度就好，不要回向给其他的众生。”

无相禅师慨叹农夫的自私，但仍慈悲地开导道：“回转自己的功德以回向他人，使每一众生均沾法益，是个很讨巧的修持法门，‘回向’有回事向理、回因向果、回小向大的内容，就如一光不是照耀一人，一光可以照耀大众，就如天上太阳一个，万物皆蒙照耀，一粒种子可以生长万千果实，你应该用你发心点燃的这一根蜡烛，去引燃千千万万支的蜡烛，不仅光亮增加百千万倍，本身的这支蜡烛，并不因而减少亮光。如果人人都能抱有如此观念，则我们微小的自身，常会因千千万万人的回向，而蒙受很多的功德，何乐而不为呢？故我们佛教徒应该平等看待一切众生！”

农夫仍是顽固地说道：“这个教义很好，但还是要请法师破个例，我有一位邻居老赵，他对我可说是欺我、害我，能把他除去在一切有情众生之外就好了。”

无相禅师以严厉的口吻说道：“既曰一切，何有除外？”

农夫茫然，若有所失。

人性之自私、计较、狭隘，于这位农夫身上可以完全看出。只要自己快乐，自己所得所有，管他人的死活？殊不知别人都在受苦受难，自己一个人怎能独享？如论世间，有事理两面。事相上有多少、有差别，但在道理上则无多少无差别，一切平等。等于一灯照暗室，举室通明，何能只照一物，他物不能沾光？

懂得一切的人，才能拥有一切；舍弃一个，就是舍弃一切。舍弃一切，人生还拥有什么？

皆大欢喜
才能让人类达到
真正的和平幸福
佛教教义中的
慈悲喜舍　爱语利行
正是要众生
皆大欢喜

第三届中国普陀山南海观音文化节闭幕式上，在普济寺举办的『点亮心灯』传灯法会，从寺院一直延伸到海印池。这每一盏灯，都是人们心中的一份燃不尽的爱。

爱是遇到养分，就可以年复一年、无限滋长的种子，直至洒满人间。

爱的养分，就是慈悲与喜舍。

爱来自茵茵草地，清清流水；来自相处和睦的家庭，美好圆融的人际关系；来自内心的宁静，宽广的心胸；来自一个友好的微笑，一双援助的手。

爱，来自皆大欢喜。

存财于信徒

佛光禅师为了推动佛教的发展，创办了许多佛教的事业，弟子们为了达成禅师的理想，很努力地向信徒劝募，鼓励信徒布施做功德。

有一次佛光禅师出外弘法回来，弟子们竞相来向禅师报告个人劝募功德的成绩，弟子普道很得意地说：“师父！今天有一位大施主，布施了一百两银子，他说，作为我们兴建大雄宝殿的基金。”弟子普德听了，也报告说道：“师父！城内的陈居士来拜望您，我带他巡礼各处的殿堂，他奉献给我们全年的道粮！”

寺中的香灯师、知客师等都向佛光禅师说明信徒的喜舍发心，只见佛光禅师皱起眉头，制止大家发言，并开示弟子们说道：“你们大家都辛苦了，可惜化缘太多，没有功德！”大家不解，问道：“为什么化缘多反而不好呢？”佛光禅师道：“把钱财储存于信徒，让信徒富有起来，佛教才能富有！不可经常要信徒捐献这个功德，赞助那项佛事，杀鸡取卵，何其愚痴！等到有一天信徒们不胜负担，佛教还有什么护法长城呢？”

佛光禅师这一番语重心长的言语，实在值得大家玩味与深思！佛教所云布施，要在“不自苦，不自恼”的原则下进行，而且布施者应该细水长流，不可硬性募化。

学佛之人，如果有禅，不但为自己想，更为别人想，哪能说禅者只重悟道，不重慈悲呢？

偶然来到寺院的女人，紧闭双目，两手合十于胸前。常年住在寺院的年老僧人，面容无畏而平和。他们或许会擦身而过。或许，老和尚对女人提点一两句话，就改变了她的一生。

生命中完全不相干的两人，可能因为看似不经意的话语和行为，就相识相知，成为最懂得彼此的知己。抑或一个突如其来的小小因缘，就可能让你拥有了为之奋斗一生的事业。

这因缘果报并不一定是当时显现，有时由前世而来，有时往来世而去。

人一生中都是在因缘中轮转
如我们靠因缘结识朋友
靠因缘建立家庭
也靠因缘成就事业

寬厚仁愛
星雲

扮新娘 三十多年前，我办的佛学院里，有一个比丘尼，四方脸形，魁梧的身材，长得比我还高大，从外表看，没有半点女儿姿态，完全像个大丈夫。她是个老实本分的人，每天安静地读书学习，四年来，她像沉默的塑像，没有和同学往来交谈过。

不过也由于她长得高大，五官棱角分明，好像金刚力士的威严，同学们也有点畏惧她，不敢亲近她。一直到了毕业的时候，同学筹划了一个同乐会，准备表演节目。当全院的师生欢喜地观赏节目时，这个威严的金刚力士，竟然扮成新娘出场，脸上红红绿绿，身上五彩缤纷，还没有开口说话，已经全场轰动，笑声直到终场。

很多人感到太意外，平常那么规矩严肃的人，怎么肯去扮新娘？我也忍不住好奇问她，为什么肯牺牲形象，勇敢地上台，去扮个新娘子？她腼腆地回答我说：“院长，我读书几年，因为个性保守，也没有好的朋友和人缘，我想到未成佛道，要先结人缘。所以在毕业典礼的最后一刻，有一个机会，让我扮一个怪里怪气的新娘，布施一点欢喜给大家。”

能肯布施一点欢喜给别人，才是与佛心心相印的人，像弥勒菩萨，得到大家的爱戴，就是他笑口常开，肯带给人间欢乐。我们观看佛菩萨的面容，个个都是开颜含笑，无有忧愁，在做人处世上，我们又何妨有“扮新娘”式的幽默？拥有皆大欢喜人生观的人，内心庄严美丽，胜过外在的百千装扮。

别人的一句好话
一个笑容
都可以成为
丰富自己生命的色彩
同样的
我们也应以一句好话
一个笑容
来丰富别人的生命

两位佛学大师在主持四川汶川地震赈灾活动的仪式上，四目相对，谦和仁慈。

微笑是寒冷冬日里的阳光，是炎热夏日里的清风，给人以生命的力量。它会使那些幸存下来的人在绝望的情绪中振作精神、站立起来，告慰亲人的在天之灵。

给人微笑的同时，自己不会失去什么，反而可以心生愉快。

这毫不费力的微笑，却是天下最好的布施。

十七头牛

帮助别人是最好的结缘方式，在欢喜、和乐的气氛当中，为彼此增添好因好缘，不仅对方受惠，自己也获利。富兰克林说过：“穷其一生努力追求成功，是很正当的事；不过，当你成功时，别忘了慷慨地跟别人分享，然后恬淡地拍拍手走开。”分享、布施是一件令人愉快满足的事，因为那意味着自身富有，透露出至真至美的心地。更为神圣的是“无所着”的发心，不会造成彼此的负担。

有一户人家，父亲往生时，留下了十七头牛，遗嘱上写明，其分配方式是大儿子得二分之一，二儿子得三分之一，小儿子得九分之一。十七头牛的二分之一或三分之一或九分之一皆非整数，令三个儿子非常苦恼，甚至发生口角。

有一位长者，每天看着三个儿子吵闹不休，为了息事宁人就将自己仅有的一头牛送给他们。如此一来，十七头牛加上长者的一头，共十八头牛，其二分之一是九头牛，三分之一是六头牛，九分之一是两头牛，一共是十七头牛不多不少，于是兄弟三人便把多余的那头牛还给长者。一阵忙碌后，长者不但丝毫损失也无，反而替三兄弟解决了天大难题。

《四分律》谈到布施之益，诠释：“所为布施者，必获其义利，若为乐故施，后必得安乐。”布施，能在给人欢喜的同时，自己也培植大悲心，远离悭贪，招感无量福德。其中又以无相布施最为殊胜；能够随缘、随力、随喜、随心而行布施，所获得的果报遍法界虚空，世世受用。

日常生活中，口说好话、身行好事、面上无嗔、勤劳作务、服务大众，行住坐卧常行布施，扬眉瞬目都是布施，点滴付出皆功不唐捐，在满人所愿的同时也圆满自己，何乐不为也！

自伞自度

有一位信者在屋檐下躲雨，看见一位禅师正撑伞走过，于是就喊道：“禅师！普度一下众生吧！带我一程如何？”

禅师：“我在雨里，你在檐下，而檐下无雨，你不需要我度。”

信者立刻走出檐下，站在雨中，说道：“现在我也在雨中，该度我了吧！”

禅师：“我也在雨中，你也在雨中，我不被雨淋，因为有伞；你被雨淋，因为无伞。所以不是我度你，而是伞度我，你要被度，不必找我，请自找伞！”说完便走了！

自己有伞，就可以不被雨淋，自己有真如佛性，应该不被魔迷。雨天不带伞想别人助我，平时不找到真如自性，想别人度我。自家宝藏不用，专想别人的，岂能称心满意？自伞自度，自性自度，凡事求诸己，禅师不肯借伞，这就是禅师的大慈悲了。

我慢山高，法水不入
做人须自我要求
不能只会要求别人
在谦恭礼让中
可以结一份好缘

一九九七年十月三十日上午，在开光法会开始之前，漫天都是密布的乌云，似乎一场暴雨就要骤然降临。随着开光法会的临近，天空越来越暗，在场所有人都一筹莫展。

但是，当主持人宣布『南海观音圣像开光法会正式开始』的话音刚落，云层中突现一道缝隙，一束白光射出，明亮无比，直射向菩萨铜像。数千观众都惊呆了，全场鸦雀无声。从此，普陀观音更加扬名海内外。

真正的修行
是心中有众生的存在
而且肯为众生作马牛
为众生服务

老僧人手里拿着长长的扫帚柄，左右画圈，形成一个个八字，缓慢向前。扫地声是梵呗赞颂团表演最初加入的声音，代表佛光山每日的修行。浑厚而又轻柔的诵经声融入其中，就形成了寺院清晨最美的和声。

星云大师将合唱的形式引入佛教的推广活动中，曾受到很多传统佛教人士的不满，认为他是大逆不道，简直是要将佛教引向灭亡。

但是佛教并没有因唱歌而衰落，反而接引了众多优秀的青年，带动佛教的年轻化、知识化，演奏出崭新的局面。

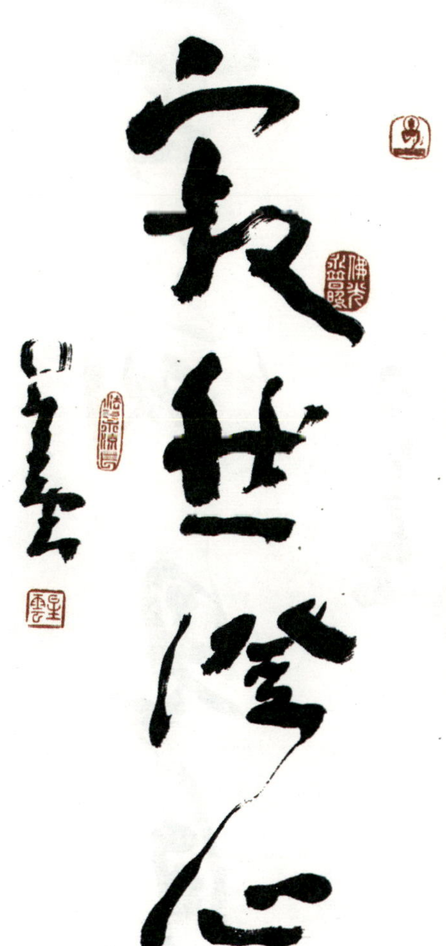

心如田地
好的田地
能生产好的农产品
坏的工厂
只会污染环境
因此我们要保有一棵
清净　慈悲
善良　欢喜的心
才能创造快乐给人

在内蒙古自治区地图上，寻找『克斯克腾』这个名字需要一些耐心。

在蒙古语中，它是『美丽』的意思。

夹在东南的赤峰与西北的锡林浩特之间，形成一道北风的风口，拥有了中华大地上最漂亮的风力发电群。

一块看似平淡无奇的土地，却酝酿了美好得足以使人迷失的能量。

朝阳落日的画面总是如此动人，凝视再久都不会厌倦。多看一秒，就又多了一层美的感受。这便是自然净化心灵的力量。

做女婿

风趣幽默的一休禅师，往往在谈笑间就能旋转乾坤。

某天，一个信徒因债台高筑，无力偿还，向一休禅师说要自杀，一了百了。

一休禅师说：“除了死以外，难道没有别的方法可想？”

信徒痛苦地回答说：“没有办法。”

一休禅师再问：“你家里难道什么都没有了吗？”

信徒说：“家里除了一个年幼的女儿以外，实在已经山穷水尽，别无所有了。”

一休禅师道：“哦，那还有办法。你可以把女儿嫁人，找个乘龙快婿帮你还债，不就好了吗？”

信徒说：“我女儿才八岁，哪里能嫁人呢？”

一休禅师听了很认真地说：“才八岁啊，那么你把女儿嫁给我，我做你的女婿，帮你还债吧！”

信徒大惊失色：“师父简直是开玩笑！您是我的师父，怎能做我的女婿？”

一休禅师胸有成竹地挥挥手：“我要帮你解决问题啊！不要再说了，赶快回去宣布我要做你的女婿吧。迎亲那天，我自然会到。”

信徒虽然对禅师的做法满怀疑惑，但是他素来十分敬仰一休禅师的智慧，因此仍然回去宣布某月某日，一休禅师要做他的女婿。

消息传出后，立刻轰动全城。到了迎亲的那一天，看热闹的人挤得水泄不通，一休禅师也依言来到。

一休禅师吩咐在门前摆一张桌子，上置文房四宝，然后就当场挥毫起来。大家看一休禅师字写得好，都争相欣赏购买，反而忘了今天到底是来做什么的。没多久，卖字画的钱就积了几箩筐。

一休禅师问信徒：“这些钱够还债吗？”信徒欢喜得不得了，直说够了，够了！

一休禅师长袖一挥说：“好啦！问题解决了，女婿我也不做了，还是做你的师父吧！”

有禅，就能这样洒脱方便地解决难题。禅的洒脱，实则蕴涵了无限的大慈悲、大方便也。

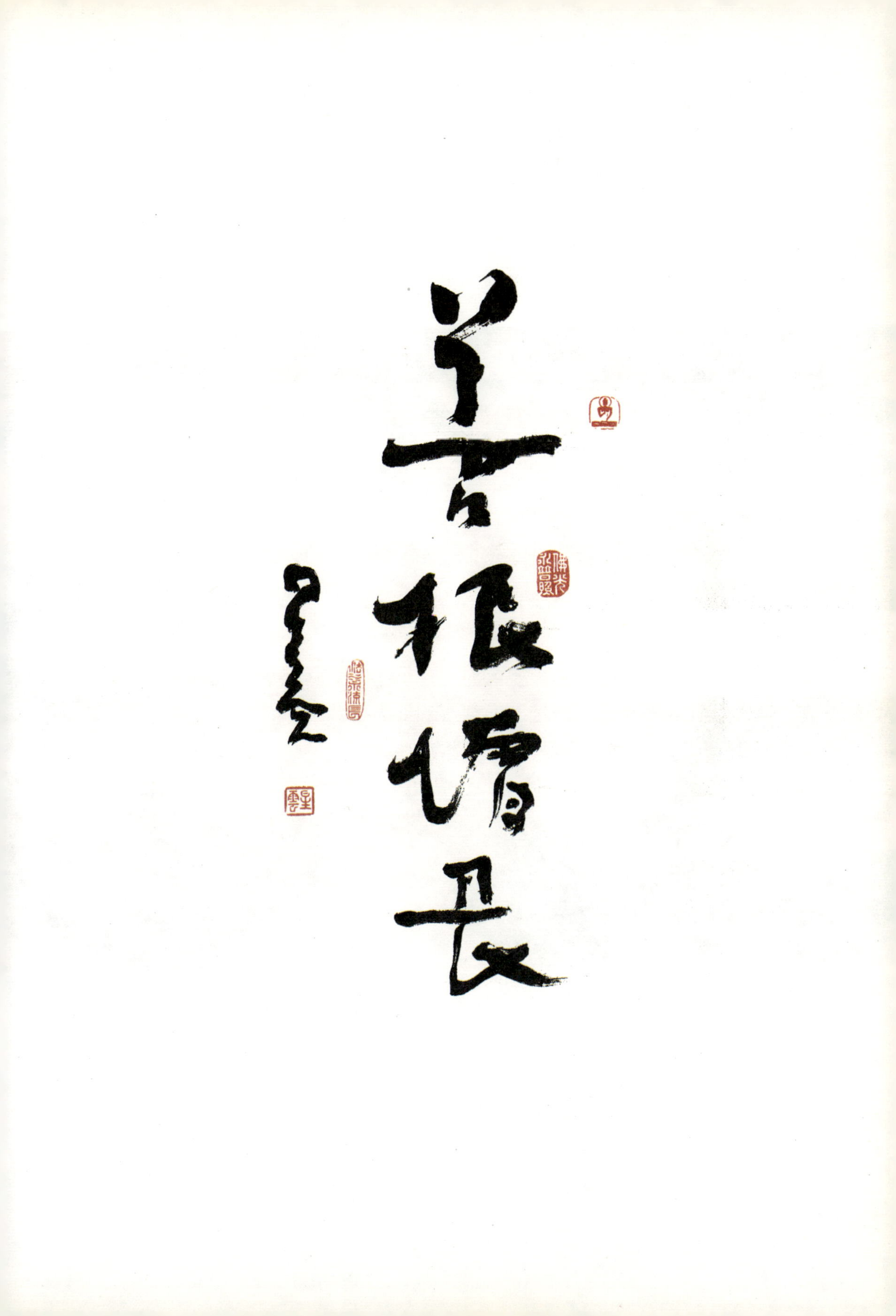

善根增長

星雲

敬佛拜佛
在心不在物
只要心诚意切
纵然是一毫一滴的布施
也必定功不唐捐

老妇人身后的巨大佛字，也充满她的内心。她一心向佛，一心为了受苦的人民，早早起来烹制热气腾腾的斋饭，供人们享用。如此微小的布施，也定会化作一泓清泉，滋润人心。

奉献爱心，关键在于心的真诚与否，而不在物的大小或多少。每个人奉献一点点，世界便大爱无边。人间佛教，就是拥抱众生。

施与受

贫与富，不能只从一个人拥有的财产来论定，有时表现在学问上，有时表现在道德上，有时表现在慈悲上，有时表现在观念上。

有个故事，说到忙了一天的阎罗王，终于只剩下最后一件案子。他惊堂木一拍，指着两个小鬼说："你们两个到人间投胎做兄弟。做哥哥的，专门布施给人；做弟弟的，专门接受施舍。你们哪一个人愿意做哥哥？哪一个愿意做弟弟？"

有一个小鬼说："我愿意做施舍一切的大哥。"另一个小鬼则表示，愿做弟弟，只要接受就好了。

两个人到人间投胎后，大哥成为一个大富翁，到处布施行善，所谓舍得、舍得，他愈舍愈得，因此愈加富贵荣华。小弟悭吝不肯舍得结缘，因而贫穷潦倒，沦为讨饭的乞丐，到处接受别人的施舍。

故事，就是一面智慧的镜子，以古鉴今，从中汲取人生的哲学与开发内在的觉性，佛经里的故事永远像一个解惑的老师，教导我们认识自己，肯定自己，唤醒那个沉睡的主人翁。

"富翁"与"乞丐"比喻富贵与贫穷取决于愿意"施舍"，或只是"接受"。

世上，谁是穷人？谁是富人？不一定从财产、社会地位来衡量。有的人虽不富有，但乐于给人，助人，赞叹人；有的人虽然家财万贯，却悭吝不舍，财产再多也觉得不够。所以"施舍"与"接受"，孰贫？孰富？

给人的心灵是雍容华贵的，等着人家施予的人，不只是心理的贫穷，而且是个精神的残障者。有人说，二十一世纪，精神忧郁的疾病将成为人类心灵致命的杀手，我觉得心理的病根不外乎就是贪嗔愚痴，也就是不肯给人的心灵贫穷。

贫富的标准究竟为何？就在我们的心中。心中有满足，心中有感恩，心中有乐善，就是富贵的人。事事不满足，想到的就是个人利益，自私自利，不懂付出，不顾公理正义，那就是世界上最贫穷的人了。

其实我们的心里同时住着那两个兄弟，要成为给予的富人或是接受的穷人，就看我们愿意施，还是愿意受。

诲人不倦

妈妈乐

有一位母亲，由于先生早逝，独立一人抚养几个小儿女。因为家里贫寒，没有什么收入，这位母亲就以帮人家洗衣服维持家计。每天到各个人家收回衣服洗，经常洗到三更半夜，实在很辛苦。几个小儿女也体谅母亲赚钱不容易，为了给他们吃饭，为了替他们缴学费，这么劳累。所以，他们也在平常节省一块钱、五毛钱，存到储蓄罐里。

经过一两年，其中一个小孩觉得储蓄罐里的钱不少了，抱着储蓄罐就拿到电器行，告诉老板要买一台洗衣机。在一二十年前，那洗衣机要一千多块钱才买得到一台。小朋友把储蓄罐里的钱拿出来数，最后还差了三十几块钱。这小孩觉得很不好意思，本来以为钱够了，想不到少了三十多块。他向电器行的老板说："对不起！我下次再来买。"于是把钱包起来，准备带回去。老板觉得奇怪，便问他："小朋友，你怎么会把你的储蓄罐里的钱拿来买洗衣机呢？"这小孩回答："妈妈很辛苦，每天要洗很多衣服，赚钱给我们吃饭、缴学费用。"

老板听了小孩的叙述后，问他住在哪里，小孩天真童稚，没多想什么便告诉老板地址。小孩回到家后，没有多久，电器行的老板送来一台更大的洗衣机给这个小朋友。妈妈既惊讶又腼腆地说："我们哪里有力量买这台洗衣机呢？"老板告诉她："不要你买，是送给你们的。"不但如此，老板还拿了二十万块交给这位妈妈，并且说："因为你的小孩给我一个灵感，以后我的洗衣机可以叫做妈妈乐，这个名称会为我赚来很多钱。等于是一种智慧财产，感谢他给我这个启示，让我表达我一点心意。"

母亲的慈爱，儿女的孝顺，老板的喜舍，构成一幅人间净土的景况。当年佛陀以足趾按地，对舍利弗尊者说："舍利弗！你看！这就是我的世界。"实时三千大千世界，无量珠宝，无量庄严，大地金色，整个世界都变成清净庄严的国土。

拂拭心底久积的尘染，睁开千年未开的慧眼，以慈悲对待，以慧心触摸，你也能看到这个世界的清净庄严。

能干的人
用慈悲待人
用智能做事
慈悲需要伴随智能
才能助人
向上　向善

沐浴在柔软阳光下的喇嘛，神情喜悦而安和，下颌的仰角里充满希望，仿佛在等待着什么人的归来，又似乎在祈祷佛之降临。

位于贺兰山西麓的广宗寺，俗称南寺，因供奉着六世达赖喇嘛灵塔而颇具名气。

背景的一大片色彩繁多的壁画，是佛教文化中独具特色的艺术文化形式。历经多年洗礼的壁画，色彩绚丽如初，笔触精美细致却不觉杂乱，静静地为四面八方前来参拜的人，不厌其烦地讲述着无尽的故事。

无言之教 有一个学僧，请示夹山善会禅师道：“从古以来，历代祖师都立下言教训示后人，禅师为什么却无言教？”

善会：“三年不吃饭，目前无饥人。”

学僧：“既是无饥人，我为什么没有开悟？”

善会：“只为迷悟迷却了你，请听我偈：

‘明明无悟法，悟法却迷人；

长舒两脚睡，无伪亦无真。’”

学僧：“十二分教及祖师西来意，可以说都是悟法悟人，禅师为什么说没有悟法亦没有迷人？”

善会：“那些西来意是老僧的坐垫，你问西来意，为什么不问你自己的己意？”

学僧：“我不明己意是什么？我只问禅师究竟要以何法示人？”

善会：“虚空无挂针之壁，子虚徒捻线之功。你为什么一定要画蛇添足呢？会吗？”

学僧：“不会。”

善会：“以我看维摩居士的居家梵行，释迦如来的观机说法，都是多此一举。”

学僧：“难道圣教均一无可取吗？”

善会：“可取的应该都不是圣教！”

学僧：“若无言教，学僧怎能开悟呢？”

善会：“自己的西来意，何要别人的言教？”学僧终于心有所悟。

所谓禅者，离文字相，离语言相，离心缘相。用言教说法，离禅很远。因为禅不可说，能说的都不是禅。“言语道断”，这是历代祖师的信条。所以自古以来，只要谈禅，开口便打。释迦牟尼佛说法四十九年，讲经三百余会，但佛陀说：“我没有说过一个字。”这不是说谎，这是真实的，因为既是“真理”，你说了不增，未说不减，“三年不吃，并无饥饿的人”。你道得三十棒，道不得也三十棒。

做事一定要抱有理想
而且不忘初心
才能持久
一个人只要发心
就会有不可思议的因缘
而成就难遭难遇的胜事

有人说，佛教是一种哲学，拥有非一般的大智慧。
学习佛经，不只为了学会其中的知识，更可以激发自身潜能，找寻『悟』的那关键一点。
从失败中领悟真谛，从绝望中繁衍生机。
体悟缘起缘灭，循环往复的真理。

三十年的考验

1949年，刚来台湾时，曾在基隆逗留片刻，记得曾经路过一座寺院，我从窗口朝里面看，一位尼师也正望着我，当时我很年轻，脸皮很薄，不敢擅自进入，于是匆匆离开。后来才知道她是人称“女中大丈夫”的修慧老法师，那座寺院是基隆有名的极乐寺。

三十年后，她身为基隆佛教会的理事长，主动到普门寺来找我。在会谈中她表示，三十年前就想请我前往弘法，一直到今日才有缘与我见面，接着她表示有感于佛光山所做的一切都是“人间佛教”的事业，与她的心意相符，因此想将极乐寺捐献给佛光山。我当时想到山上人手缺乏，如果接办得不好，岂不愧对她的一番心意，故予婉拒，并邀她到佛光山参观。她依约来山，走了一圈以后，坚定地告诉我，她发了一个愿：希望一辈子做个佛光人。我被她的诚意所深深感动，当下应允她的请求。

由于极乐寺交通方便，法缘殊胜，颇受教界及地方人士的重视，当献寺的消息传开来时，受到许多阻挠，然而她却丝毫不为所动，在力排众议之下，她使极乐寺成为佛光山的分院，并且将所有存款及黄金付托给我作为弘法基金。为不负所托，我派有才干的徒众住持道场，把极乐寺重建成为美轮美奂的净土，并且在寺内设立佛学院，培育弘法人才。

记得当年八十高龄的她将极乐寺交给我的时候，高兴地说道：“啊！我等这一天已经等了三十年，今天我的志业终于有了安顿！”

我，也让她考验了三十年。

人间事不是一时可以成就，凡事都有历史过程，经得起考验，才能在漫漫岁月里酝酿成熟。人生路必须经得起考验，才能在漫漫岁月里酝酿成熟。人生路必须经得起考验，成佛路更要经得起考验，经得起风霜侵，火炼锤，事磨人唾，欢喜舍去我执我爱，竖穷三际的一刹那，会有你成佛做祖时。

人能弘道　非道弘人
佛教复兴之道在于人才
人才之训练在于教育
以教育培养人才
才能成就佛教事业
达到普济群生的功能

佛光山的梵呗，是星云大师从祖国大陆带到台湾的。

在星云大师『佛教现代化』的理念下，梵呗的和暖清澈，发挥得淋漓尽致。

梵呗赞颂演出团里的比丘尼们，嘴角弯成美妙的弧度，唱诵佛经。让世人了解到佛教真谛，她们心中就无限欢喜。

断指求法 唐代仰山慧寂禅师，广州人，俗姓叶，九岁时，父母便送他到广州和安寺出家，到了十六岁时，父母又后悔不该送他出家，故又想尽方法，把他接回家来，令他还俗，准备完婚。慧寂知道后，大惊，着急地问道：“这是为什么呢？”

慧寂的父亲回答道：“从前我和你母亲之所以要送你到寺院里出家，是因为有一个算命先生说你命中犯凶煞，如果不投入僧门，求菩萨的庇护，便无法抚养长大。现在你已经度过了厄运，可以还俗，继承叶家香火，我与你母亲已为你安排好一桩美满姻缘，你又何必执意回到寺里过清苦的生活呢？”

慧寂听后，不觉悲痛万分，一方面觉得父母用心良苦，恩情深重，一方面又觉得双亲在利用佛门，以保全儿子生命。如今厄运一过，就要立刻背弃佛门，这种伪善伪信、自私自利的行为，实在罪过。

想来想去，慧寂决心不造孽缘，不能顺着父母心愿成婚，可是又知道语言上的争执是没有用的，于是就趁家人不注意时，将自己左手的无名指和小指，一刀斩断，鲜血淋漓地盛在盘里，捧着去见双亲，长跪不起地请求道：“孩儿已身入佛门，为正信弟子，此生誓愿求取无上正等正觉，双亲大恩大德，孩儿当时时祈愿回向，却绝不再还俗成家。今断二指以示决心，请双亲成全我的愿心！”

做父母的看到慧寂盘里血渍斑斑的两截断指，知道其意志坚决再难更改，只好让慧寂返回佛门。

后来，慧寂十八岁时，到江西吉州，拜访耽源禅师，传授圆相九十六种；二十一岁，参访灵佑禅师，侍从十五年；三十五岁后，领众出世，成为沩山灵佑座下的大弟子，创立中国禅宗里“沩仰宗”一派；七十三岁时示寂，大家都尊称其为“小释迦”。

中国人对出家为僧一直没有正确的认识，有的人认为出家生活清苦，有的人认为必定受什么刺激，才会看破红尘。殊不知“出家乃大丈夫之事，非将相所能为”，如顺治皇帝说：“黄金白玉非为贵，唯有袈裟披肩难。”仰山慧寂禅师若无大心大愿，不能入佛门为僧，怎能成为一代宗师！

莊嚴本性

星雲

一个人必须有自觉的
使命感
有了使命感
才会有责任感
才能克尽职责
才能勇敢担当
才能自我健全

这位相貌英俊的二十岁青年，正是第十一世班禅。他在北京雍和宫中，跟随着老师学法。

眼眸明澈流转，自有一股聪慧善学、谦虚而又极有担当的神色。

在藏传佛教中，班禅意为大博学者，被认为是无量光佛的化身。

一九九五年，年仅五岁的坚赞诺布，被法断为十世班禅转世真身，继任为第十一世班禅额尔德尼。如今十五年的时间过去，昔日的灵童已经健康成长为年轻有为的宗教领袖。

那就是禅

王田是一个精于医术的医生，不过仍有许多病人死去，因此每天都惧怕死的阴影。一次在出诊的路上，碰到一位云水僧，王田于是就请示道：“什么叫禅？”

云水僧回答道：“我也不知如何告诉你，但有一点可以确信的是，一旦会了禅之后，就不用怕死了。”于是在云水僧的指示下，王田前往参访南隐禅师。

王田医师找到南隐禅师的住处，说明来意，并请求开示。

南隐禅师道：“禅不难学，你既然身为一个医师，就应该好好对待你的病人，那就是禅！”王田医师似懂非懂地前后拜访了南隐禅师三次，南隐禅师总是对他说道：“一位医生不该把时间每天消磨在寺院里，快回家照顾你的病患去！”

王田医师非常不解地想着：这种开示，怎能祛除怕死的心呢？因此，当他第四次参访时，就抱怨道：“有位云水僧告诉过我，人一旦学了禅就不怕死。每次我到这里，你总是要我照顾我的病患者。对于这一点我很明白。但假如这就是所谓的禅，我以后就不必再来向你请教了。”

南隐禅师微笑地拍着王田的肩膀说道：“我对你太严格了，让我给你一个公案试试吧！”

所谓公案就是南隐禅师要王田参“赵州无”的话头，王田苦参这“无”字公案，前后两年，当他将心境告诉南隐禅师时，得到的答案是“尚未进入禅境”。王田并不灰心地专心致志，又参究一年半，终于自觉心地澄明，难题逐渐消失。“无”已成了真理。他善待他的病人而不知其为善待。他已脱离了生死挂虑。

最后，当他叩见南隐禅师时，禅师只对他微笑着说了一句话：“从忘我到无我，那就是禅心的显现了。”

王田医师经常接触老病死生之人，因此，“眼看他人死，我心急如火，不是伤他人，看看轮到我”，所以对死亡就起了恐惧，南隐禅师要他好好照顾病患，就是参禅，因为一个人放弃责任，放弃爱心，怎能入禅呢？及至他参透了“无”字的公案，从有心到无心，从有我到无我，从有生到无生，那就是无死的禅境了。

禅心

时间有春夏秋冬
世界有成住坏空
心念有生住异灭
人生有生老病死
人生是环状的
不是直线的
人有来生才有希望
『有希望』
就是悟者的世界

二〇〇九年四月一日，在台北小巨蛋举行了佛教大会闭幕式。圆润广阔的内景让人想起命运的齿轮，生命的回转。

野草根不灭，冬季枯荣，春季又萌发新芽。生的结尾必是死亡，而死亡又是生的开端。

业力宛若一条头尾相接的绳索，把世世代代的生死系在一起。种下好因，必得善果。一心向善，纵使现世苦难黑暗，来世也终可得满堂光明。

所以生未尝生，死未尝死，生命轮回，生死一如。

心外的世界如何改变
是无法控制的
但肯定自我的心
就可以做自己的主人

虽然只有微弱的烛光，也能将空气点亮。

这场景像一幅沉寂、端庄、肃穆，却欲动的油画。

第二届世界佛教论坛上，来自中国台湾的星云大师和来自中国香港的觉光法师共同掌灯，为社会祈愿祝福。

胸前这闪烁的烛火就是我们的心灵之光。

当内心欢喜，不论黑暗中蠢蠢欲动的不安如何变换，也能见到满目生机的世外桃源。

夜游

在仙崖禅师住的禅院里，有一位学僧经常利用晚上时间，偷偷地爬过院墙到外面去游乐，仙崖禅师夜里巡寮时，发现墙角有一张高脚的凳子，才知道有人溜到外面去，他不惊动别人，就顺手把凳子移开，自己站在凳子的地方，等候学僧归来。

夜深的时候，游罢归来的学僧，不知凳子已经移走，一跨脚就踩在仙崖禅师的头上，随即跳下地来，才看清是禅师，慌得不知如何是好！

但仙崖禅师毫不介意地安慰道："夜深露重，小心身体，不要着凉，赶快回去多穿一件衣服。"

全寺大众，没有人知道这一件事，仙崖禅师也从来没有提起，但自此以后，全寺一百多位学僧，再也没有人出去夜游了。

最好的教育是爱的教育，以鼓励代替责备，以关怀代替处罚，更容易收到教育的效果！

如仙崖禅师者，把禅门的教育特色。发扬到了极致。禅门的教育，向以慈悲方便为则，就算棒喝、磨炼，也要先看被教育者的根机，才以大慈悲大方便相待，天下的父母老师，应先看看儿女学生是什么根性，施以什么教育，感化、慈爱、身教，乃是最好的禅的教育。

育才之道 有一位信徒在佛殿礼好佛后，便信步到花园散步，碰巧看到园头（负责园艺的僧众）正埋首整理花草，只见他一把剪刀在手中此起彼落，将枝叶剪去，或将花草连根拔起，移植另一盆中，或对一些枯枝浇水施肥，给予特别照顾。

信徒不解地问道："园头禅师！照顾花草，您为什么将好的枝叶剪去？枯的枝干反而浇水施肥，而且从这一盆搬到另一盆中，没有植物的土地，何必锄来锄去？有必要这么麻烦吗？"

园头禅师道："照顾花草，等于教育你的子弟一样，人要怎样教育，花草也是。"

信徒听后，不以为然道："花草树木，怎能和人相比呢？"

园头禅师头也不抬地说道："照顾花草，第一，对于那些看似繁茂，却生长错乱，不合规矩的花，一定要去其枝蔓，摘其杂叶，免得它们浪费养分，将来才能发育良好；就如收敛年轻人的气焰，去其恶习，使其纳入正轨一样，第二，将花连根拔起植入另一盆中，目的是使植物离开贫瘠，接触沃壤。就如使年轻人离开不良环境，到另外的地方接触良师益友，求取更高的学问一般；第三，特别浇以枯枝，实在是因为那些植物的枯枝，看似已死，内中却蕴有无限生机。不要以为不良子弟，都是不可救药，对他放弃，要知道人性本善，只要悉心爱护，照顾得法，终能使其重生；第四，松动泥土，实因泥土中有种子等待发芽。就如那些贫苦而有心向上的学生，助其一臂之力，使他们有新机成长茁壮！"

信徒听后非常欣喜地说道："园头禅师！谢谢您替我上了一课育才之道。"

《涅槃经》云："情与无情，同圆种智。"世上没有不可救的生命，没有不可教的人才。

寺院山门口往往供一尊笑容满面的弥勒佛圣像，意思是用慈悲（爱）摄受你，但弥勒佛的背后，却供了一尊手拿降魔杵的将军韦驮圣像，意思是用威武（力）折服你，父母师长对年轻子弟，一面授予爱的摄受，一面给予力的折服，子弟不会不成才的！

南無阿彌陀佛

星雲

一尊南山海上观音，玉肌慈眉，静闭双目，用佛眼观察世事，用善听关怀人间。佛典载，观音大士曾发下十二大愿，第二愿即『长居南海愿』。

二〇〇五年四月，集十万善念而敬建在海南三亚的这尊海上观音成为世界上最大的观音像。像高一百零八米，足踏一百零八瓣莲花宝座，矗立于金刚洲上，一体化三尊造型，每尊手势各异，代表不同法门。

『以众为我』，世间万物都是观音菩萨的眼耳舌身。用心了解世间悲苦，体悟人间生机。

正如这日出之光，普洒世间。

以慈眼 慧眼 法眼 佛眼

洞察世间实相

用善听 谛听 兼听 全听

关怀人间疾苦

慈悲行事

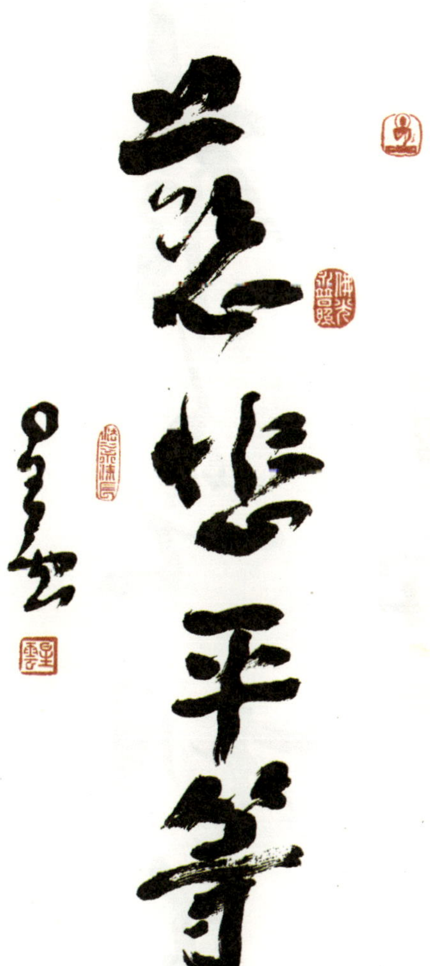

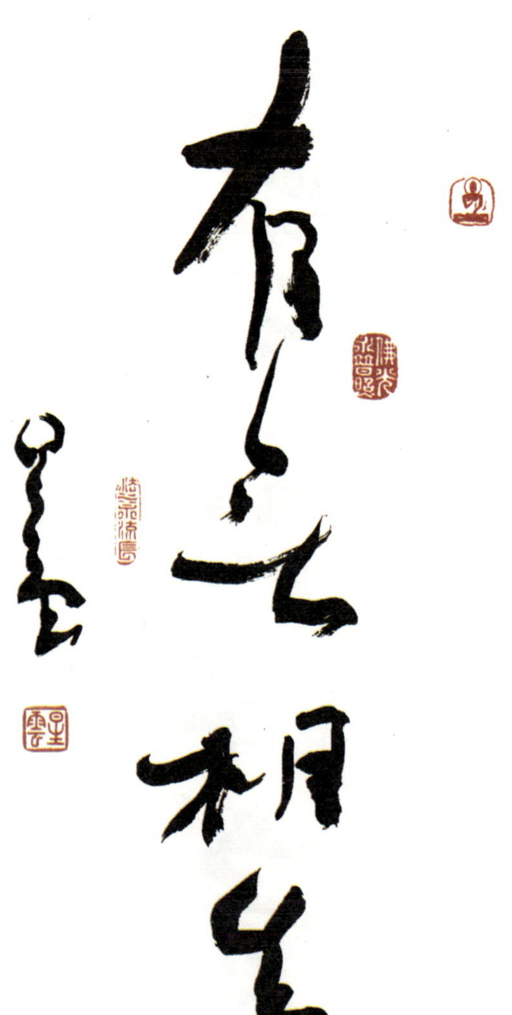

牵马的武将，虽是一派凶相，却满是正气。『恶』的事物，往往不是那么原始地展露在人的面前，它通常披着『善』的外衣。这就需要我们用一双明净的心眼，去细细分辨。用正念降伏人间的烦恼，用正心降伏世间的心魔。不能对任何恶念有宽容放纵之心，能以必要手段将其克制，才是难能的大慈悲。

真正的慈悲不一定是和颜悦色的赞美鼓励
有的时候用金刚之力来降魔伏恶
更是难行能行的大慈悲

善恶是法，法非善恶

有学僧请示峻极禅师道：“如何才是修行行善的人？”

峻极：“担枷戴锁者。”

学僧：“如何是邪恶为非的人？”

峻极：“修禅入定者。”

学僧：“学僧根机愚昧，禅师的开示，颠倒难明，恳求禅师还是用简明易晓的言辞开示吧！”

峻极：“所谓恶者，恶不从善。善者，善不从恶。”

学僧如堕五里雾中，仍然茫然。良久，峻极禅师问学僧道：“懂了吗？”

学僧：“不懂。”

峻极：“行恶者无善念，行善者无恶心，所以说善恶如浮云，无所生也无所灭。”

学僧于言下有悟。

善恶，在世间法讲，做好事名曰善，做坏事名曰恶，善有善报，恶有恶报，三世因果，历然俱在，在事相说，一点不虚。但在本性上讲，善恶之名都不立，若能不思善不思恶，即名见性（见到自己本来面目）。所谓“罪恶本空由心造，心若亡时罪亦空”。行善是枷锁，作恶名禅定，这不怪禅师颠倒，在真理上讲，作福行善，一味执著人天福报，岂非为枷锁所囚？作恶为非，虽要恶道流转，但本性仍是如此。故峻极禅师兴大慈悲，发此高论，乃要吾人莫为善恶所迷。应该知道，为善上生时，就一味执著有为法，以为是究竟解脱，这就错了；作恶下堕时，就心灰意懒，以为人生无望，这也是错的。实则“善恶是法，法非善恶”也。

金箔布施 在一个严寒的冬夜里，有一个乞丐以颤抖的手去敲荣西禅师的庵室，泫然欲泣地诉说道："禅师！我的妻子与子女已经多日未进粒米，我尽其所能地想给他们温饱，始终不能办到，连日来的霜雪致使我的旧疾复发，现在我实在是精疲力竭了，如果再这样下去，妻小们都会饿死，禅师！请您帮助我们！"

荣西禅师听后，颇为同情，但是身边既无钱财，又无食物，如何帮助呢？想着、想着，不得已只好拿出准备替佛像涂装用的金箔对乞者说道："把这些金箔拿去换钱应急吧！"

当时，座下的许多弟子都以一种惊讶的表情，看着荣西禅师的决定，不满的情绪挂在脸上，并且抗议道："师父！那些金箔是替佛装金的，您怎可轻易地送给别人？"

荣西禅师非常和悦地对弟子说道："也许你们会对我的做法无法理解，可是我实在是为尊敬佛陀才这样做的。"

弟子们听不懂老师的话，仍愤愤地说道："老师！您是为了尊敬佛陀才这么做的，那么我们将佛陀圣像变卖以后，将钱用来布施，这种不重信仰也是尊敬佛陀吗？"

荣西禅师道："我重视信仰，我尊敬佛陀，即使下地狱，我也要为佛陀这么做！"

弟子们不服，口中喃喃说道："把佛陀圣像的金箔送人，这是尊敬佛陀？"

荣西禅师终于大声斥责弟子们道："佛陀修道，割肉喂鹰，舍身饲虎，在所不惜，佛陀是怎么对待众生的？你们能认识佛陀吗？"

弟子们到此时才明白荣西禅师的大慈悲，原来他的做法，是真正与佛心相契的。

佛陀有三十二相，八十种好的庄严，就是修行慈悲积聚功德而成的，所谓无缘大慈，同体大悲，只要有益于众生，钱财房舍、田园宅第、身体性命，全可布施，金箔又能算得了什么？荣西禅师的行为，真正奉行了佛陀的慈悲。你不必是他的亲人，你也不必对他有什么利益，他都施与同体的慈悲。佛陀心中的众生，我们为什么为了金箔，就把他分开呢？

大雄宝殿上的三尊大佛，盘坐在绽放的铜质莲花之上。中间是娑婆世界教主释迦牟尼佛，右边是西方极乐世界教主阿弥陀佛，而左边的是东方琉璃世界教主药师佛。释迦牟尼的两边站立着他的两位大弟子，年长的是迦叶尊者，年轻的是阿难尊者。身披金袍，庄重威严，震撼人心。

佛光人要懂得自我要求
改革思想 增强信念
把不当的习气扬弃
把不正的言行摒除
才能绍继如来
弘范三界

星云大师听闻汶川地震，便立即表示要拿出一千万元人民币救灾款。有人问，钱在哪儿？大师说，钱一定是有的，因为慈悲心一定是有的。凤凰卫视则是火速在汶川举办了一场名为『以生命的名义』的主题慈善晚会。白天，海内外知名华人前去成都宝光寺为汶川灾区祈福，晚上赶登台义演。

在如此重大的灾难面前，唯有用合十的爱心，才能为灾区送去温暖。大地震震惊了中国，而中国人团结一心的举动震惊了全世界。

以慈悲的双手
抚平自己的清净本心
以般若的智能
圆满他人的自在人生

种一收十

为社会办大学，是我几十年来的心愿，但是建设大学的经费相当庞大，不是我一个人的力量可以办到的，需要靠十方信施齐心完成。因此发起“佛光大学百万人兴学运动”，以会聚众人的力量，共同成就。这项运动的发起，其中有一个因缘：

有一天，筹办佛光大学的慈惠法师，提到一则经典里的故事：“不能小看一块钱的力量，一块钱有无量的功德啊！好比尼拘陀树的种子虽小，长成的大树却是枝叶繁茂，蔓生四方，每年落下的果实就有数万斛之多，种一不但收十，甚至收百、收千、收万哪！”

后来慈惠法师发起“佛光大学百万人兴学运动”，每人每月只要捐助一百块钱，连续三年。这项活动承蒙许多人的护持，至今仍持续进行。

赞助“一百块钱”办大学，将来成就的是一个硕士、一个博士，成就的是一个社会的栋梁、一个学者专家，委实是一项有益于社会人类的善事。只要有心，虽然只是一百元，其贡献却是不可计量的。

所谓“滴水虽微，可以穿石”，虽然是布施小钱，积少成多，也能成就大事；小小的善举，也能成就大功德。《杂阿含经》提到：“净信心惠施，此世及后世，随其所至处，福报常影随。”《大智度论》也提到：“好施之人，为人所敬，如月初出，无不爱者。”布施结缘要能持之以恒，要能心甘情愿，以欢喜心来成就好事，功德必定不可限量。

信仰是一种取之不尽
用之不竭的宝藏
相信世间一切皆美好
在一念之间
信仰就是力量

观音大士眉宇间温柔和善，手势千变万化，在身体周围形成一个圆。手形纤巧，而面部就如保有弹性一般，衣纹似要随风飘动而起。

这是山西平遥一个小市县里面的千手观音雕塑，是平遥极负盛名的彩塑艺术。

千手观音是密宗六观音之一，又称千手千眼观音。每只手的手心中握有一眼，持多样法器，手手不空。

观音菩萨在佛教中是美的化身，善的代表。中华民族，一人有难，整个社会就会伸出一千只手来予之帮助。而人的一生中，也应该主动伸出一千次手，来帮助社会上各种面临困难的有缘人。

这里『千』字有无量、无边之意。观音的慈悲，拥有千人智慧，千颗赤诚心。

虔诚的心 有一个青年名叫光藏，未学佛前，一心想成为佛像雕刻家，故特别去拜访东云禅师，希望禅师能指点一些佛像的常识，使其在雕刻方面有所成就。

东云禅师见了他以后，一言不发地只叫他去井边汲水。当东云看到光藏汲水的动作以后，突然间开口大骂，并赶他离开。因为时近黄昏，其他弟子看到这种情形，颇为同情，就要求师父留光藏在寺中住一宿，让他明天再走。

到了三更半夜，光藏被叫醒，去见东云禅师，禅师以温和的口气对他说："也许你不知道我昨天骂你的原因，但我现在告诉你，佛像是被人膜拜的，所以对被参拜的佛像，雕刻的人要有虔诚的心，才能雕塑出庄严的佛像，白天我看你汲水时，水都溢出桶外，虽是少量的水，但那都是福德因缘所赐予的，而你却毫不在乎。像这样不知惜福且轻易浪费的人，怎么能够雕刻佛像？"

光藏对此训示，颇为感动而钦敬不已，并且在深加反省后，终于入门为弟子，对佛像的雕刻，其技艺也独树一帜！

"虔诚的心"，就是敬业精神，并非单指刻佛像，无论做什么，都应该有虔诚的心和敬业的精神。

向外追求的是知识
向内发掘的是般若
唯有般若智能才能
分别善恶
判断正邪
转迷为悟
去染为净

般若，不是脑的知识，而是心的智慧；不是从外界获取的，而是向内挖掘的。

当我们被混乱的世俗之事蒙蔽了双眼；当我们站在蜘蛛网般细密的分岔路口，不知如何抉择，当我们分辨不清什么是嘲笑讥讽，什么是苦口箴言……

请闭上双眼，用心去感受事物的本来面目：鸟的婉转歌声，水的川流不息，我们最初的愿望和追求。

般若的精髓就是包容，包容万物才能洞察世界，达到真正的心中万有，运用自如。

不做自了汉

黄檗希运禅师自幼出家为僧，后来得道开悟，开创黄檗山，是中国禅宗史上一位非常重要的人物。

有一次他游天台山时，碰到一位举止非常奇特的同参，两人相约一同到处参学。当他们来到一条小溪前时，正好溪水暴涨，这位同参叫黄檗禅师一起渡河。黄檗禅师道："溪水这么急，能渡过去吗？"

同参没有回答，只是提高裤脚过河。过河时，好像走在平地上一样轻松自如，不但边走边笑，还边回头招呼黄檗："来呀，来呀！"

黄檗禅师见状呵斥道："嘿！你这小乘自了汉。早知你有神通，便把你的脚跟砍断。"

同参被他呵斥的语言感动，尊敬赞叹："你真是大乘法器。"说着便消失了。

佛教里有大乘、小乘，小乘先重自度，大乘则重度他。就像我们要到其他地方去，小车只能载少数人，大车则能载很多人。这位同参是一位小乘的圣者，见到溪水暴涨，自己渡河过去，却没有帮忙别人，所以佛教里经常批评小乘的圣者，纵然他们得道，也不及初发心的大乘修行者。因为小乘"拔一毛而利天下，吾不为也"的作风，永远不能成佛。自己未度，先能度人，才是菩萨发心。

有些人一入佛门，欢喜闭关，就住到山里。其实，没有先累积很多的福德因缘如何悟道？就算得道了，难道忍心让众生在生死中沉沦？希望参禅的学人能发大乘心，行菩萨道，所谓"道在众生中求"，离开了菩提心，怎么能成就无上佛道呢？

无有对待

星云

佛在何处 唐顺宗有一次问佛光如满禅师道：“佛从何方来？灭向何方去？既言常住世，佛今在何处？”

如满禅师答道：“佛从无为来，灭向无为去，法身等虚空，常住无心处；有念归无念，有住归无住，来为众生来，去为众生去；清净真如海，湛然体常住，智者善思维，更勿生疑虑！”

顺宗皇帝不以为然，再问：“佛向王宫生，灭向双林灭，住世四十九，又言无法说；山河与大海，天地及日月，时至皆归尽，谁言不生灭？疑情犹若斯，智者善分别。”

如满禅师进一步解释道：“佛体本无为，迷情妄分别，法身等虚空，未曾有生灭；有缘佛出世，无缘佛入灭，处处化众生，犹如水中月；非常亦非断，非生亦非灭，生亦未曾生，灭亦未曾灭，了见无心处，自然无法说。”

顺宗皇帝听后非常欣悦，对禅师益加尊重。

有人常常问道：“阿弥陀佛在西方净土，药师佛在东方世界，那么释迦牟尼佛现在又在哪儿呢？”其实释迦牟尼佛正在常寂光净土，而常寂光净土又在哪里呢？这种问题，经禅者答来，就非常活泼，因为有心，看到的是生灭的世界，那是佛的应身；无心，看到的是不生不灭的世界，那才是佛的法身。无心就是禅心，唯有用禅心，才知道佛陀真正在哪里。

“有缘佛出世，无缘佛入灭”，灭不是生灭的灭，灭是涅 境界。在常寂光净土则灭除一切烦恼、差别、对待，是绝对解脱快乐的寂灭世界，那就是佛的世界。

明亮的院落，身披枣红袈裟的青年喇嘛们自在地席地而坐。微风徐徐拂过。大昭寺的一个早上，热闹的辩经大会已经结束，僧人们却意犹未尽。

辩经，就是心平气和地『吵架』。这争论并不一定要有个什么结果。就如辩论赛的正反两方，观点本无对错，各自有理。但在辩论过后，会让一方去思考自己不曾意识到的，经由另一方提出的观点。

而一个人的生命究竟有多宽广，取决于他的胸襟。坚持心中的理念，同时包容接纳他人的学说，虚怀若谷，谦虚以对，将会受益无穷。

高深的学问
恢宏的志气
广阔的心胸
忍耐的修养
是艰难人生旅程中的
最大助力

不重视历史的人
不会有历史观
一个人若没有历史
就等于没有生命

藏人素有『先有大昭寺，后有拉萨城』的说法，足见此寺地位之尊贵。公元六四七年，松赞干布为供奉释迦牟尼十二岁等身镀金铜像修建了这座神殿。

对藏民而言，宗教渗透进了他们生活的每一个角落。一个藏人从出生到死亡，一生中最重要的事情就是朝圣。

大昭寺就是目的地。

金光灿烂的大昭寺，即使在阴郁的天气也不失高贵庄严。

当你的生活掀起狂风暴雨，信仰会为你建起一座风雨中的屋棚，陪伴你等待雨过天晴的明天。

不要拂拭

有一位青年脾气非常暴躁、易怒，并且喜欢与人打架，所以很多人都不喜欢他。有一天无意中游荡到大德寺，碰巧听到一休禅师正在说法，听完后发愿痛改前非，就对禅师说："师父！我以后再也不跟人家打架口角，免得人见人厌，就算是受人唾面，也只有忍耐地拭去，默默地承受！"

一休禅师说："嗳！何必呢，就让唾涎自干吧，不要去拂拭！"

"那怎么可能？为什么要这样忍受？"

"这没有什么能不能忍受的，你就把它当做是蚊虫之类停在脸上，不值得与它打架或者骂它，虽受吐沫，但并不是什么侮辱，微笑地接受吧！"一休说。

"如果对方不是吐唾沫，而是用拳头打过来时，那怎么办？"

"一样呀！不要太在意！这只不过一拳而已。"

青年听了，认为一休说的，太岂有此理，终于忍耐不住，忽然举起拳头，向一休禅师的头上打去，并问："和尚！现在怎么样？"禅师非常关切地说："我的头硬得像石头，没什么感觉，倒是你的手大概打痛了吧！"

青年哑然，无话可说。

世上无论什么事，说很容易，做很困难，说不发脾气，但境界一来，自我就不能把持。禅者曰："说时似悟，对境生迷。"就是这种写照。

省心篇

修炼心性

修最先無

星雲

遗钱不顾 隋朝富上和尚，于益州净德寺挂单时，常常停驻在一条环境僻静、行人稀少的路上。他把斗笠系在树下，坐着读经，任由路人来来去去随喜布施，从不唤人布施，也不出语答谢施者。

有人劝他说："城西北人口稠密，布施多，何必在这里空等候呢？"

他回答："修道人，一钱两钱就足够养活这身臭皮囊，钱多了增长贪心，会被金钱埋葬的，要那么多钱有什么用呢？"

陵州刺史赵仲舒是个酷吏，不信佛法，听闻富上和尚行仪，起意试探。赵仲舒先是骑马经过，假装遗失一贯钱，富上和尚视若无睹，仍然专心读经。他又派人去拾钱，富上和尚依然闻风不动。

赵仲舒诘问："你一天只得到一钱，看到别人把地上的钱捡去，为什么不阻止呢？"

富上和尚回答："不是我的钱，为什么要妄认为己物呢？"

赵仲舒闻言，立即下马礼谢，赞叹不已。

富上和尚够用就好的观念，就是一种幸福快乐之道。然而多半的人贪欲悭吝，欲望无限，有了百想千，有了千想万，只想要"多"，最后被"多"所埋葬；要不就是希望"有"，有到最后尽是负担、挂碍。人生究竟是"有"好，还是"无"好？

"有"，要与社会大众共享，就不嫌多。"无"，能在"无"中体会精神的世界，心灵上的富裕安乐，无也很好。

有德之人，尽管一毛钱都没有，仍然有很多人向他学习，以他为榜样，像是饿死在首阳山的伯夷、叔齐。在以人喻人上，如果以伯夷、叔齐来比较，对方会很高兴。但如果以纣王、幽王等不义的君王来比较，别人会很生气。为什么？因为纣王、幽王没有道德，而伯夷、叔齐有道德。

富上禅师"遗钱不顾"显示他有道德，但并不表示有钱就没有道德。有钱，要懂得用、肯用，用来造福大众、利益群生，才能发挥"钱"的价值，提升人生的层次。

污泥里可以生长出莲花
外境的好坏并不重要
重要的是
我们是否能成为一粒有用的种子

一片碧绿荷叶间，傲立一朵粉琢娇艳的莲花。从淤泥中奋力成长，仍旧生得如此纯净，是因为莲有一颗基因优秀的种子。

有的人一生风调雨顺，名利双收，却把困境留给了后代，那些丰盛的财富成为后代挥霍、败落的源泉。而那些在污浊之境中仍能洁身自好者，那些虽身处逆境却仍能坚持真理，不改初衷者，都会美如莲花。莲花将她的纯净之气传入莲子，让莲花在种子时代就蕴藏着足以抵御污秽的力量。

佛教的信仰
不是迷信的膜拜
不是盲目的奉献
而是从浩瀚的三藏十二部
不朽经典中
觉悟出缘起缘灭等
生命的真理

高远的天空，蓝得摄人心魄。傍晚的纯黑剪影，是蒙古的古都城墙，由阁楼和佛塔组成，一片苍凉大气之感。一眼望去，仿佛天和地交接在了一起，有浑然天成之美。古都记录着历史，代表着过去，映射着人们从古至今走过的路途。忘记历史就是忘记过去，就是背叛那些悄然流逝的生命。

翻过中华民族历经的五千年历史，会发现大篇幅的战争史。而正因为如此，人们才更感受到平和宽厚的可贵。记住历史，才能脚踏荆棘，大步向前。

衣服吃饭

一休禅师有一位将军弟子，有一天将军请师父吃斋，一休禅师到达时，守卫的人不准他进去，因他穿着破烂的衣服。一休禅师没有办法，只好回去换了一件海青（大袍）袈裟，再去赴宴。

当用斋的时候，一休把菜一直往衣袖里装，将军看见了很诧异，就说道：“师父！是不是家中有老母？或寺里有大众？等一会儿我令人再煮菜送去，现在请您先用啊！”

一休禅师道：“你今天是请衣服吃饭，并不是请我吃饭，所以我就给衣服吃！”

将军听不懂禅师的话中之意，一休禅师只得解释道：“我第一次来的时候，因为穿了一件破旧法衣，你的守卫不准我进门，我只好回去换了这身新的袈裟，他才放我进来，既然以穿衣服新旧做宾客的标准，所以我以为你是请衣服吃饭，我就给衣服吃嘛！”

从一休这一段禅话里，可以看出社会上的势利虚荣，人，有时不以人格品德论高低，而以衣服新旧做标准，所以一般人只讲究“金玉其外”，不管“败絮其中”，一休禅师把饭菜给衣服吃，对今日的社会人心，真是一针见血的讽刺呀！

国师是宝 慧忠国师是浙江人，俗姓冉，号光宅，是六祖惠能大师的弟子，二十六岁时入河南党子谷，修行四十年，敕住南阳龙兴寺，玄宗、肃宗、代宗皆曾召请进入宫内说法。

有一天，代宗召见一人，该人自号太白山人，不言真实姓名年龄乡里，代宗就告诉慧忠国师道："此人自认是一代奇人，颇有见解，敬请国师考验。"

慧忠国师先看看太白山人，然后问道："陛下说你是一异士，请问你有什么特长？"

太白山人道："我会识山、识地，上知天文，下知地理，作文认字，无一不精，并长于算命。"

慧忠国师道："请问山人，你所住的太白山是雄山呢，还是雌山呢？"

此问一出，太白山人茫然不知所对，慧忠国师又指着地问道："请问这是什么地呢？"

山人道："算一算便可知道。"

慧忠国师又在地上写了"一"字问道："这是什么字？"

山人答道："一字！"

慧忠国师不以为然，纠正他的话道："土上加一应说是'王'字，为什么会是一字呢？现在，我再请问你，那三七共是多少数字？"

山人回答道："三七是二十一，谁人不知？"

慧忠国师道："三和七合起来是十，怎么一定会是二十一呢？"

在旁的代宗非常欣悦地说道："朕有国位，不足为宝，朕有国师，国师是宝！"

一些江湖之士，或通天文，或通地理，或能卜卦，或能相命，自以为神奇异士，但在佛法正道之前，他们就成为旁门左道了。因其道从外境上去了解，故又称"外道"；禅师内修内证，故佛法又称为"内学"。慧忠国师考验太白山人之话，虽非佛法，但从禅慧中流出之名言，岂是外道以分别意识所能应对！

佛光人工作信条

给人信心

给人希望

给人欢喜

给人方便

在无锡举办的世界佛教论坛记者会上，大师本是坐着讲的。讲到兴致之处，他突然站起来了，说道：『世界佛教论坛记者会发起到现在，文化的工作者也是要给人祈福、给人希望、给人欢喜、给人方便。』

把汉传佛教努力发扬到世界范围去的，是星云大师。大师一生致力于佛教改革，将佛教推广到千家万户。他推动佛诞餐，制作佛诞卡，举办佛诞节的花车游行；他发行佛教小丛书，组织佛教歌咏队，录制佛教音乐唱片。佛教的善念走入社会、走入家庭，走进每个人的心里。

星云大师是第一个在电视上弘法的人，第一个制作佛教音乐唱片的人，第一个创办佛教电视台的人，第一个在联合国成立佛教团体的人。他以多种方式让更多人体会到了『人间佛教』行善乐施的灵魂。

如果说国界是墙，那么佛教就是一扇明窗。

凤凰卫视的记者站在直播车上，目不转睛地盯着摇臂上的镜头。黄色T恤上的凤凰像一团火焰。
宽广的青马大桥一直延伸到视线的尽头。
在二〇〇四年明媚的五月，八十多高龄的觉光长老，亲率恭迎团到陕西法门寺迎接佛指舍利的到来。之后于香港举行盛大的佛指舍利瞻礼。凤凰卫视全程直播。
凤凰卫视的成功在于他们对这个行业充满热情。他们活跃而陶醉，毫不吝啬地燃烧着自己的热情，全心投入，乐在其中。

无论做什么事情
只要全心全力投入
一股坚韧的毅力
将会带我们迈向成功之路

古道热肠

1994年，我们为社会上各行各业杰出的女性举办“胜鬘书院”，让中、青代妇女在忙碌之余，也能拥有修持佛法的机会，并通过云游参学，了解各国文化人情、风俗古迹，借以拓展视野，净化身心，在精神上也能有所依据。

当时，有一位谢蕙霞学员，在第一站加拿大温哥华，竟遗失她的行李。由于这一次的行程需要半年，而她所有的零用钱、文具用品、衣物都在行李当中，让她着急万分，不知所措。然而随团参学有一定的行程，她只好先随大众到佛光山温哥华讲堂，安住下来。

同时间，在台湾佛光山接到一通由多伦多打来的长途电话，一位李先生表示，有一个佛光山胜鬘书院的行李，在温哥华没有运下去，被运到多伦多。经过联络后，李先生当天立刻坐了五个小时的飞机，将行李送到温哥华，交到谢蕙霞小姐的手中。

失而复得让谢蕙霞小姐欣喜若狂，李先生的古道热肠更为人称赞。

在《优婆塞戒经》中有一段经文说道：“智人行施，不为报恩，不为求事……智人行施，为怜悯故，为欲令他得安乐故……”世间何事为美？“给”便是。因为有“给”，使得处于热恼的人得以清凉，焦躁中的人得以宁静，贫乏的人得以满足；因为“给”，让世人懂得了人情温暖，让善因善缘广为流传，让人间处处尽是和平友爱。

“给”是世界上最美好的事，也因为“给”让我们知道自己有多富有，知道自己还有这值得赞叹的能力。

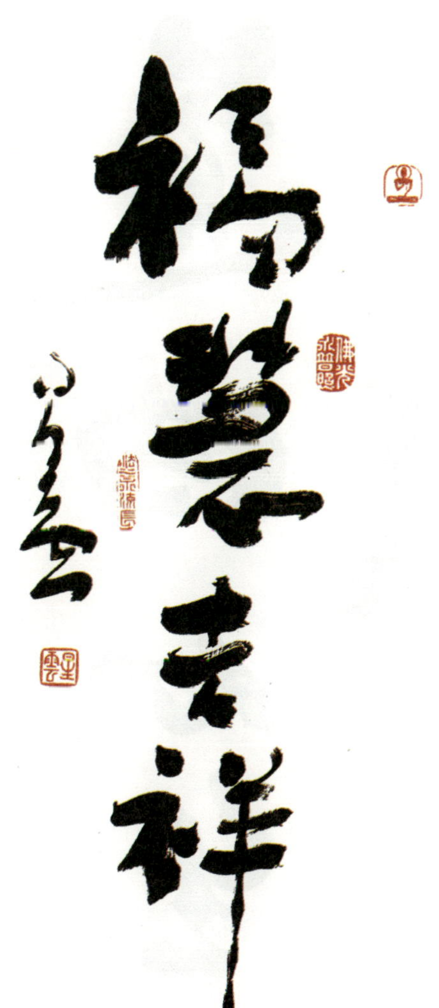

道由心生

有智能的人
懂得寻找生命的根源
懂得提起
『生从何处来
死往何处去』的疑情
有智能的人
凡事往大处著眼
并能识大体　不计较
自然能受人尊重

欲成大事者，需耐得住寂寞，看得穿生死，具有眼如炬，识大体的智能。佛光山当年只是一座荒凉的小山头，土地贫瘠，麻竹遍布。星云大师舍弃了之前相中的一块台湾旅游胜地，断然买下这块无人愿接的山坡。他认为建设道场是要让人『专程』来拜佛的，如果只是旅游的时候『顺道』拜拜，这就有违建寺初衷。于是才有了如今汇集中外有缘人士的圣地。人们看中的，不是这片地的外在，而是佛的精神。

吃饭睡觉　修学律宗的有源请教大珠慧海禅师说：“和尚修道，有没有秘密用功的法门？”

大珠：“有！”

有源：“如何秘密用功？”

大珠：“肚子饿时吃饭，身体困时睡觉。”

有源不解地说道：“一般人生活都要吃饭睡觉，和禅师的用功不是都相同吗？”

禅师：“不同。”

有源：“有什么不同？”

禅师：“一般人吃饭时百般挑剔，嫌肥拣瘦，不肯吃饱，睡时胡思乱想，千般计较。”

吃饭睡觉是多么简单的事，可是今天究竟有多少人能舒舒服服地吃饭，安安逸逸地睡觉？可见最平常的事到达平常心的境界，是须经过无数不平常的修持。禅师们多在“用功”，快快乐乐地把饭吃饱，安安静静地把觉睡好。

『缘』是一种力量
能够生长
能够增上
有『缘』就能生起
有『缘』就能相聚
有『缘』
就会成就一切

锦鲤的跃动，给清如无物的湖水平添一阵灵动。远处石佛，愉快地望着这一切。这尊佛像名为天工大佛，为浙江四大石佛之一。法相敦厚慈祥，仪态文静端庄，稳坐于石洞中。佛像四周水池曾湮没数百年，于一九九五年夏，开掘水池。这才使这一独特石宕景观重现于世，为后人瞻仰。所以星云大师称之为『有缘』。

一支来自渔村的队伍，于香港屯门参加端午节赛龙舟。参赛者的面部肌肉因努力而刚毅，双手紧握简洁质朴的木质船桨，以共同的信念拼搏于波浪间。

人生是激流，不进则退。每个人都是舵手，掌控方向，奋力前行。在无涯的时空中，人常会感到一种空荡荡的迷茫感。而内心隐秘而坦诚的理想，会让人产生新的智慧，在属于自己的极小空间中，创造出璀璨的生命价值。路上的险滩，也成就了人生一景。

凡事
抱持理想去开创
再多的辛劳
都能心甘情愿
必定能有所成就

肯定自己

沩山灵佑禅师正在打坐，弟子仰山禅师走了进来，沩山对仰山道：“喂！你快点说啊，不要等死了以后，想说也无法说了。”

仰山回答道：“我连信仰都不要，还有什么说不说？”

沩山加重语气问道：“你是相信了之后不要呢，还是因为不相信才不要呢？”

仰山：“除了我自己以外，还能信个什么？”

沩山：“如果是这样的话，那也只是一个讲究禅定的小乘人罢了。”

仰山：“小乘就小乘，我连佛也不要见。”

沩山：“四十卷《涅槃经》中，有多少是佛说的？有多少是魔说的？现在你所说，是如佛说，还是如魔说？”

仰山：“都是魔说的！”

沩山听了弟子这番话，满意地点头道：“今后，没人能奈何你了。”

“肯定自己”这是禅者的一大课题！真正的禅者，“不向如来行处行”。世上能改变人的东西太多了，金钱可以改变人，感情可以改变人，思想可以改变人，威力可以改变人。而今仰山禅师的禅，超越信仰，超越对待，“一切都是魔说的”，如此肯定自己，还有什么能奈何他呢？

佛遺教經

星雲

情義人生

星云

情与无情

晦堂祖心禅师号宝觉，广东南雄邬氏子，曾亲近过黄龙惠南禅师，平时与文人黄山谷私交甚为密切。有一天黄山谷前来谈论禅道，晦堂禅师问道：“孔子不为二三子隐，这可能与禅法不说破相同，你认为呢？”

黄山谷回答道：“这个，我也不太清楚。”

后来两人一起去巡山，看到满山谷百花开放，花香扑鼻。晦堂禅师又问道：“怎么样？闻到花香了吗？”

黄山谷答道：“闻到了，好香噢！”

晦堂禅师别有所指地说道：“所以说嘛！我并没有对你隐瞒什么！”

黄山谷似懂非懂的，两人巡山以后，归来午餐，黄山谷忽然问道：“禅师！经云‘有情无情同圆种智’，此话当真？”

晦堂禅师答道：“此话本真，但因出之你口，所以非真！”

黄山谷不解似的问道：“这是为什么呢？”

晦堂禅师不回答黄山谷的话，此时刚好有一只狗趴在桌子底下，晦堂禅师随手用筷子打狗，狗“汪”的一声跑掉了。禅师也用筷子打了桌子一下，这才以问代答道：“狗属有情，遭打即跑，桌子则为无情，任打仍在，情与无情，如何得成一体？”

黄山谷茫然不知所对。但禅师又随口更正道：“山有山神，水有水神，花有花神，树有树神，大地山河无尽妙用。青青翠竹无非般若，郁郁黄花皆是妙谛，故情与无情，当能同圆种智。”

晦堂禅师的话，听得黄山谷疑云满腹，认为禅师的话，前后矛盾。禅师总结道：“才涉思维，即非禅道，何曾万物为己哉？”黄山谷终于有所契悟。

吾人身心生活的空间，面对森罗万象的世间，生公说法，顽石点头，这是有情对无情的说法；净土里的花树水鸟说法，这是无情对有情的说法。看到流水顿觉光阴迅速；看到落花，兴起无常之感。所以吾人不必将自己孤立，将情与无情分开，应该相互地调和，相互地存在，因为一切都流露自法性之内，花香鸟语，一切都没有隐瞒什么，禅心慧眼还不能开吗？

忘尽好

星雲

除却心尘

满了吗

有一位学僧对无德禅师说道：“禅师！在您座下参学，我已感到够了，现在想跟您告假，我想去行脚云游了。”

“是什么够了呢？”

“够了就是满了，装不下去了。”

“那么在你走之前，去装一盆石子来谈话吧！”

学僧依照无德禅师的吩咐，把一大盆石子拿来。

禅师：“这一盆石子满了吗？”

学僧：“满了。”

禅师随手抓了好几把沙，掺入盆里，沙，没有溢出来。

禅师问学僧道：“满了吗？”

“满了！”

禅师又抓起一把石灰，掺入盆里，还没有溢。

禅师再问：“满了吗？”

“满！”

禅师顺手又再倒了一盅水下去，仍然没有溢出来。

“满了吗？”禅师又问。

“……”

“谦受益，满招损”，自以为满了，实在就是自己最不足的时候。活到老，学到老，世间永远学不满。生也有涯，而知也无涯。禅师用石子、沙、灰、水为喻，自满自大者，不知可否以此为戒乎？

一寸光阴一寸金　劝君念佛早回心
浮生有限　时间宝贵
人生有多少光阴可以虚掷
想想无常的苦空
莫如早早回心转意念佛

僧人起床后的第一件事情就是上早课，这是对心灵的洗涤。念佛人的心因此而清澈无比。

天道中的一切天神，都尊重佛法，看到念佛人都欢喜赞叹，冥冥之中加以保护；一切妖魔鬼怪都惧怕光明、惧怕佛名，常念阿弥陀佛就能抵御一切恶龙毒蛇猛兽的加害。

只要他们修行的心永不退转，一定有一天能往生净土，见佛闻法。

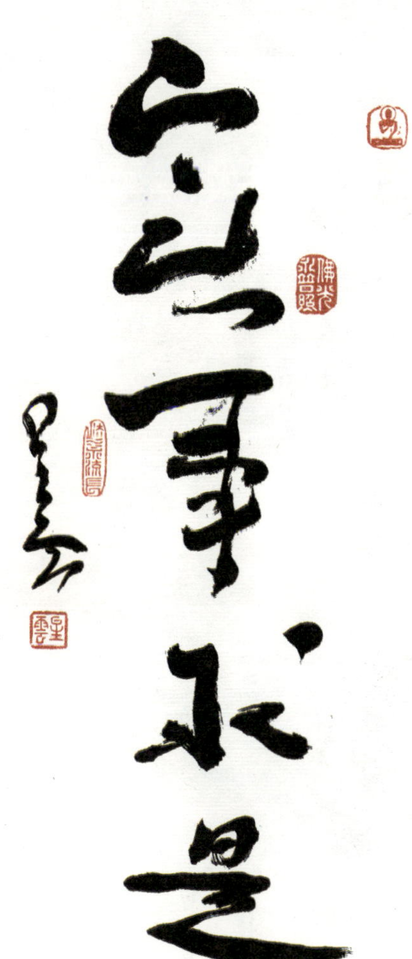

心的黑与白
不因为肤色的深浅
智能无分高下
佛性岂有南北之分

皮肤白净的外籍僧人正手端铁盆，为众人分盛素菜斋饭。等待的僧人们，尊敬而感激地双手合十。

佛教的信徒不分种族肤色、男女老幼。佛性自然也不分东西南北。

世间人人都是值得尊重的生命，毫无戒备地降生于世，被父母赋予肉身，被自然赋予灵性。

作为学佛之人，不应过度看重自己的种族或是派别，也要懂得欣赏他人、包容众生。

佛光可降临到任何地方以及任何人的身上，就像自由飞翔的蒲公英一样。

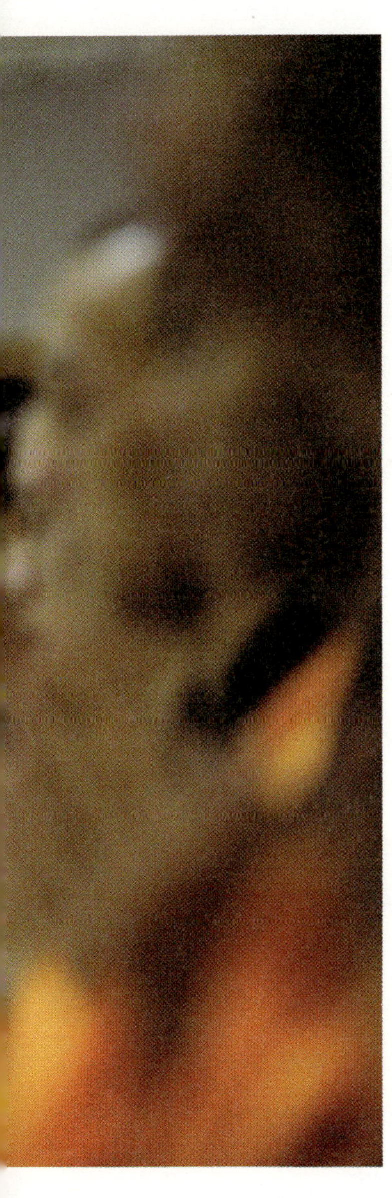

护贼度贼 一天晚上，残梦禅师正在方丈室读书时，突然听到墙壁上有声响，猜想可能是个小贼，于是就叫侍者道："拿些钱给那凿墙的朋友吧！"

侍者走到邻室，大声地说道："喂！不要把墙壁弄坏，给你些钱就是了！"小偷一听，吓得转身就逃走了。

残梦禅师以责备的语气对侍者说道："你怎么可以大声吼叫？一定是你的声音太大，把他吓着了，可怜钱也没有拿到就跑走；这么冷的天气，可能还没有吃过晚饭，你赶快追上去把钱拿给他。"弟子无法，只得奉师命，在寒冷的深夜里，到处寻找不知躲在哪个角落里的小偷。

又有一位名叫赡养禅尼的，一天夜半睡觉时，小偷潜进来偷窃，把他唯一的一条棉被偷走了，赡养没有办法，只好以纸张盖在身上取暖。

小偷在惊慌之间，被负责巡寮的弟子撞见了，仓皇地将偷到手的棉被遗留在地下。徒弟们捡到这床师父的棉被，赶紧送回师父房间，只见赡养禅尼身上盖着纸张，缩着身子直打哆嗦，看到被送回的棉被说道："哎呀！这条棉被不是被小偷偷走了吗？怎么又送回来呢？既然是小偷拿去了，就是他的东西，赶快！拿去还给他。"

弟子无奈，在师父百般催促下，费了九牛二虎之力，才把逃得很远的小偷找到，表明师父的意思，坚持把棉被还给他。小偷受了感动，特地跑回寺院向赡养禅尼忏悔，并因而皈依，从此改邪归正。

有人说，禅者都是铁石心肠，他们特立独行，不太关心人间苦难。但看残梦禅师和赡养比丘尼，他们的慈悲，推己及人的爱心，岂是一般人可比？其实，真正禅悟的人，像佛陀割肉喂鹰，舍身喂虎，大仁大勇，大智大行，无缘大慈，同体大悲，只因是禅悟之人。

夫人的画像 过去有一个大富翁，他的妻子得了不治之症，即将去世。大富翁请来一位名画师，想替他太太画一帧遗像，留作纪念。妻子知道富翁的心意后，也同意了，但是私下吩咐画师：“请你帮我画上一顶钻石镶成的宝冠，我的衣服也要画上很多的钻石。”

画师觉得奇怪，左思右想：“不对呀！夫人，你戴的宝冠上明明没有钻石，为什么要画钻石呢？你的衣服已经很华丽了，为什么也要无中生有地画上钻石呢？”妻子在病榻上冷笑起来：“画师啊，你要知道：我死了以后，我丈夫一定会再讨一个妾做填房，我辛辛苦苦为他攒聚的家产都归她享用，太便宜她了，我要让那女人永远不得安宁。你替我把宝冠、衣服都画满宝石，这样，那女人一定会常常跟我丈夫吵架，说：那个大老婆有那么多钻石，为什么我没有？让他们早也吵，晚也吵，永远不得安宁。”

这是陕北子洲县马家沟一个迎亲的队伍，一场原汁原味的民俗婚礼。在如此寒冷的天气，欢乐的力量却丝毫不减。

一切万象本可随心所现，随心所变。我们若无法静定，就会随着外部环境的变动而团团转圈。就如杯弓蛇影的故事，苦难来自心中幻象。所以良辰吉日，并不是皇历上的几个字，而是心中可以自生万物的田。只要爱对了人，情人节每天都过。只要内心欢喜，每日都有明媚的天。

好时辰 好地理
不是在心外
只要心好
日日都好 处处都好

自己不能拥有又不肯分享他人，这是一种同归于尽的心理；一个人如果不欢喜别人幸福快乐，自己也将过得很辛苦。这位得了不治之症的太太，如果真爱她的丈夫，应该遗留幸福和欢喜给他，即使丈夫后来续弦，基于爱屋及乌的心理，也应该为他欢喜，为什么不肯把爱分享他人呢？

将心胸放开扩大，自己爱的也让别人能爱，自己欢喜的也让别人欢喜，你尊敬我，我尊敬你，你爱我，我爱你。人的一生不管活几十年，过得欢喜快乐，也将欢喜快乐与人分享，必定如春天百花夏天月，日日摇曳，月月清凉。

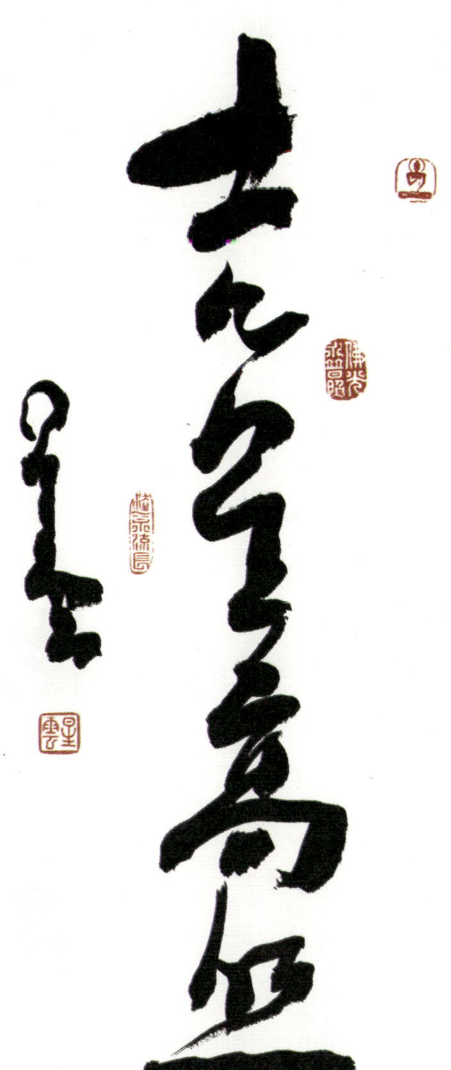

佛的烦恼

有一位信徒问赵州从谂禅师说：“佛陀有没有烦恼？”

赵州禅师回答：“有！”

“佛陀是我们的教主，是解脱的人，怎么会有烦恼呢？”

“因为你还没有得度，所以佛陀就烦恼！”赵州禅师回答。

“假如我修行得度，佛陀有没有烦恼呢？”

赵州禅师回答：“有！”

信徒再问：“我既然已经得度了，佛陀为什么还有烦恼呢？”

“因为还有一切众生！”

“众生无量无边，当然无法度尽，那么，佛陀就永远在烦恼，那还有办法超越吗？”信徒说。

“已经超越了，佛陀已经没有烦恼了！”

“你说佛陀已经无烦恼，可是众生既然没有度尽，佛陀为什么又不烦恼呢？”

“佛陀自性当中的众生都已经度尽了！”

另一位信徒问赵州禅师：“像您这样大修行的人，将来百年之后会到哪里去呢？”

“老实告诉你，到地狱去！”赵州禅师回答。

“像师父您这样有修行的人，怎么会下地狱呢？”信徒非常不能理解。

“假如我不下地狱，将来谁来度你？”

由此可知，所谓凡夫众生的烦恼，是从无明妄想生起的，佛陀有烦恼，是从慈悲上生起的，佛陀无烦恼，也是从般若上说的。佛陀有烦恼、赵州禅师下地狱，是悲悯众生的苦难而起的；菩萨的烦恼是慈悲的烦恼，凡夫的烦恼是从烦恼上生，从业障中生。

烦恼不必怕，“不怕念头起，只怕觉照迟！”你能有觉照，就是有慈悲、有般若，烦恼又何惧焉？

云南，两位学佛的白族老人听闻邻家的小女孩不幸夭折，便到附近庙宇里为孩子超度。老人领会了佛教所讲述的轮回真谛，所以她们的眼里没有幽怨的悲哀，只有无限的关切。当她们诚心为女孩祈福时，便会产生力量。净化自身的同时，也送女孩早日进入极乐世界。生老病死是人之常情，大德智者早已看破人生，不去计较尘世俗物。超脱了恐惧和痛苦，寄希望于来世。

一个人
即使物质生活欠缺
只要他有慈悲 智能
生命就会变得充实 富裕
『心诚则灵 有求必应』
信仰会产生
不可思议的力量

心净国土净

有一位虔诚的佛教信徒，每天都从自家的花园里，采撷鲜花到寺院供佛。一天，当她正送花到佛殿时，碰巧遇到无德禅师从法堂出来，无德禅师非常欣喜地说道："你每天都这么虔诚地以香花供佛，依经典的记载，常以香花供佛者，来世当得庄严相貌的福报。"

信徒非常欢喜地回答道："这是应该的，我每次来寺礼佛时，自觉心灵就像洗涤过似的清凉，但回到家中，心就烦乱了，作为一个家庭主妇，如何在喧嚣的尘市中保持一颗清净纯洁的心呢？"

无德禅师反问道："你以鲜花献佛，相信你对花草总有一些常识，我现在问你，你如何保持花朵的新鲜呢？"

信徒答道："保持花朵新鲜的方法，莫过于每天换水，并且于换水时把花梗剪去一截，因花梗的一端在水里容易腐烂，腐烂之后水分不易吸收，就容易凋谢！"

无德禅师道："保持一颗清净纯洁的心，其道理也是一样，我们生活环境像瓶里的水，我们就是花，唯有不停净化我们的身心，变化我们的气质，并且不断地忏悔、检讨，改进陋习、缺点，才能不断吸收到大自然的食粮。"

信徒听后，欢喜作礼感谢说道："谢谢禅师的开示，希望以后有机会亲近禅师，过一段寺院中禅者的生活，享受晨钟暮鼓，菩提梵唱的宁静。"

无德禅师道："你的呼吸便是梵唱，脉搏跳动就是钟鼓，身体便是寺宇，两耳就是菩提，无处不是宁静，又何必等机会到寺院中生活呢？"

古德说："热闹场中作道场。"宁静，只要自己息下妄缘，抛开杂念，哪里不可宁静呢！深山古寺，如果自己妄想不除，就算住在深山古寺，一样无法修持，禅者重视"当下"，何必明天呢？"参禅何须山水地，灭却心头火亦凉。"即此之谓。

宁静才能致远
从宁静中可以找回自己
无私才能容众
从无私中可以扩大自我

位于陕北榆林市的佳县古城，高高矗立于黄河西岸的石山上。东临黄河，三面凌空绝壁。『香炉晚照』是佳县的一大景观。身处险峻地势的寺庙，却在黄昏的余晖下有着不可言说的安宁。

人在一天当中，起码应该保有十分钟的宁静。让阳光照射进心灵的缝隙中，在情势紧张的境况下，仍能有静谧安详之心。

眼睛很小　可以看遍世界鼻孔很小　却嗅著虚空的气息

每一个小小细胞

都助长了生命的生存

莫以善小而不为

莫以恶小而为之

『小』

蕴藏著不可忽视的力量

老人褶皱而憔悴的面容记录着岁月的沧桑，孩童吹弹可破的肌肤好似刚刚孵化。一老一少具有强烈的反差，显示出生命的张力。这是世间最感人的亲情。这亲情很小，只是背着他行走，为他洗衣做饭；这亲情也很大，足以影响一个人的一生。

生活中每一件细小的事物都不应该被忽视。仅仅是捡起掉在地上的一粒米，也是大恩德。

我也可以为你忙

佛光禅师有一次见到克契禅僧，问道："你自从来此学禅，好像岁月匆匆，已有十二个秋冬，你怎么从不向我问道呢？"

克契禅僧答道："老禅师每日很忙，学僧实在不敢打扰。"

时光迅速，一过又是三年。一天，佛光禅师在路上又遇到克契禅僧，再问道："你参禅修道上，有什么问题吗？怎么不来问我呢？"

克契禅僧回答道："老禅师很忙，学僧不敢随便和您讲话！"

又过了一年，克契学僧经过佛光禅师禅房外面，禅师再对克契禅僧道："你过来，今天有空，请到我的禅室谈谈禅道。"

克契禅僧赶快合掌作礼道："老禅师很忙，我怎敢随便浪费您老的时间呢？"

佛光禅师知道克契禅僧过分谦虚，不敢直下承担，再怎样参禅，也是不能开悟。

佛光禅师知道非采取主动不可，所以又一次遇到克契禅僧的时候，问道："学道坐禅，要不断参究，你为何老是不来问我呢？"

克契禅僧仍然说道："老禅师，您很忙，学僧不便打扰！"

佛光禅师当下大声喝道："忙！忙！为谁在忙呢？我也可以为你忙呀！"

佛光禅师一句"我也可以为你忙"的话，打入克契禅僧的心中，禅僧克契立刻言下有所悟入。

有的人太顾念自己，不顾念别人，一点小事，再三地烦人；有的人太顾念别人，不肯为己，最后失去好多机会。禅的本来面目，就是直下承担！当吃饭的时候吃饭，当修道的时候修道，当问的时候要问得重要，当答的时候要答得肯定。不可在似是而非的里面转来转去！

我可以帮忙，你为什么不要我帮忙呢？我为什么不可为你忙呢？人我，不是要分得那么清楚！

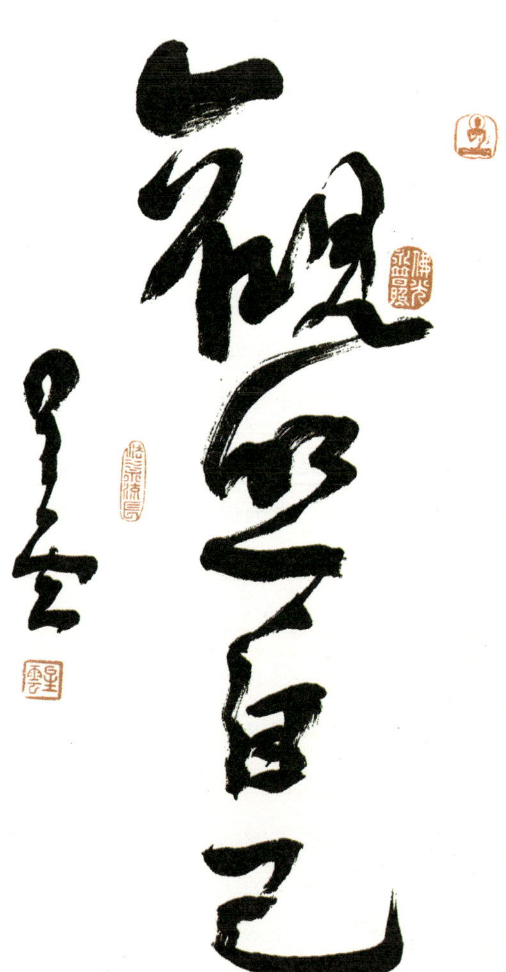

学无止境

融和無礙

星雲

路是人走出来的
所谓『放大脚步』
就是要『走出去』

庄严肃穆的佛堂前，快乐的喇嘛，于说笑间走过延绵的城墙，走过辽阔无垠的天空和草原。

身后是他们走过的路，而今后，还会有更多的人，踏着这条路，抑或是截然不同的路途走出去，走到更广阔的天地中。

半肯半不肯 洞山良价禅师在南泉普愿禅师座下悟道时，刚巧遇到他剃度恩师云岩昙晟禅师的忌日，因此就设斋上供，有学僧问道："禅师于令师云岩处，得到什么开示？"

洞山答："虽在云岩座下，但不曾垂蒙指示。"

学僧疑惑地问："既然不蒙指示，为何要设斋供奉他？"

洞山说："我怎敢违背他呢？"

学僧又说："我真不懂，你来南泉普愿禅师处悟道，为什么却为云岩设斋？"

洞山平和地回答："我不尊先师的道德佛法，只尊重他不为我说破，单凭这一点就胜过父母。"

学僧接着又问："禅师既然为先师设斋，那么肯定先师的禅风了？"

洞山答："一半肯定一半不肯定。"

学僧问："为什么不全部肯定呢？"

洞山答："因为如果全部肯定就辜负先师了。"

洞山良价禅师是在老师云岩圆寂后，见水中自己的影子才开悟的，他的悟道偈云："切忌随他觅，迢迢与我疏，我今独自往，处处得逢渠。渠今正是我，我今不是渠，应须恁么会，方得契如如。"洞山悟道，虽是在老师圆寂之后，但不忘师恩，因此在忌辰设斋致祭，致祭恩师就是感谢他未说破，所以才睹影自悟。修行若是全依赖师长，将会失去自己；若是全靠自己，没有指引，何能因指见月？所以师资相助，这就是半肯半不肯的真意了。

生命不可有丝毫的浪费
每一天
都是生命的一部份
也是旅程的一段
当生命之轮
不停向前转动时
我们又怎能放慢脚步呢

大昭寺旁的转经台，每日天光初露，就会有人来转经。他们绕着特定的路线行走、祈祷，口中默默有词。

转经，一圈为圆满，绕大昭寺一圈叫做『帕廓』。一天的转经是一个小旅程，每天的转经就促成了规律转动的人生。

每个人在不停转动的途中遇见众人，而众人的转动叠加起来，便是神秘莫测的星际宇宙。

人的生命短暂却欣喜。每一天都是新的，都是重要的，不可浪费，不可放慢脚步，不可停滞不前。

來去吉祥

星雲

不是传声筒

有一位学僧去拜访铁舟禅师，要求铁舟禅师能为他讲解《临济录》。

铁舟禅师道："这你就弄错对象了，要听《临济录》，最好去找圆觉寺的洪川禅师。"

学僧说道："不！我已经听过洪川禅师的讲述。听说您是天龙寺滴水禅师的真传弟子，我一定要听听您的讲解。"

铁舟禅师再三推辞不得，只好带着这位学僧到一处练武的场地，一起练武。直到两人全身汗如雨下，才停止练武。练武以后，铁舟禅师随即带着学僧回到原来的法堂，一面擦汗，一面微笑地对着学僧说道："如何？我的《临济录》讲得好不好？"

学僧大惊，铁舟禅师只练了一趟武，何曾讲过《临济录》？禅师这一问，学僧不知如何作答是好。

铁舟禅师再问道："我的《临济录》讲得如何？"

学僧不得已答道："禅师！你的《临济录》只是一套剑谱吗？"

铁舟禅师这时才恳切地开示道："我是剑客，所以我只提倡剑道，我虽然也跟禅师学禅，但不愿学一般禅者的作为，首先该知道《临济录》绝非纸上谈兵，更不是从语言口舌上可以去了解的，至于家师滴水禅师的讲解，我更无从学起，因为我不是传声筒！"

学僧不以为然地说道："照禅师这种说法，历代祖师大德，传法传心不也都成为传声筒了吗？"

铁舟禅师再告诉学僧道："传法传心自是传法传心，传声筒自是传声筒。"

不是一个传声筒，这就是禅者独特的风格，人云亦云，这是鹦鹉禅，与传法传心不类。所以凡一切学术禅理，总要先从自己消化，融会贯通以后，知之为知之，方可成为言说。

人面疮

悟达知玄禅师还是云水僧时，有一天途经京师，看到一位西域异僧身患恶疾，无人理睬，于是就耐心地为他擦洗敷药，并照顾他的疾病。病僧愈后，就对悟达禅师说："将来如果有什么灾难，你可以到西蜀彭州九陇山间两棵松树下面找我！"

多年后，悟达禅师的法缘日盛，唐懿宗非常欣仰其德风，备极礼遇，特尊他为国师，并钦赐檀香法座，禅师亦自觉尊荣。一日，禅师膝上忽然长了个人面疮，眉目口齿皆与常人无异。国师遍延群医，都无法医治，正在束手无策时，忽忆起昔日西域异僧的话，于是就依约来到九陇山，并道明来意，西域异僧怡然地指着松旁的溪水道："不用担心，用这清泉可以祛除你的病苦。"

悟达国师正要掬水洗涤疮口的时候，人面疮竟然开口说道："慢着！你知道为什么你膝上会长这个疮吗？西汉史书上袁盎杀晁错的事情你知道吗？你就是袁盎来转世，而我就是当年被你屈斩的晁错，十世以来，轮回流转，我一直在找机会报仇，可是你却十世为僧，清净戒行，故苦无机会可以下手。直到最近你因为集朝野礼敬于一身，起贡高我慢之心，有失道行，因此我才能附着你身。现在蒙迦诺迦尊者慈悲，以三昧法水洗我累世罪业，从今以后不再与你冤冤相缠。"

悟达国师听后，不觉汗如雨下，连忙俯身捧起清水洗涤，突然一阵剧痛，闷绝过去，苏醒时，膝上的人面疮亦已不见，眼前也没有什么西域异僧。

参禅悟道，虽然明心见性，但三世因果业报，却历历分明，谁也逃脱不了。只有广做善事，多结善缘，忏悔消业，灭罪离愆，庶几方可得救。在自性上虽然没有罪业可言，但在事相上因果俨然，丝毫不爽，所谓现报、生报、后报，但不会不报。悟达国师所幸遇圣僧迦诺迦尊者，施药护病，尊者报以解冤消业。后悟达国师作《水忏》流行于世，普劝世人"但愿随缘消旧业，更莫招愆造新殃"，三世业报，可不慎哉？

死亡是否可怕，就看你认为它身后是巨大黑暗的虚空，还是延续不断的灵魂。

在佛教信众中，超度亡灵的办法很多。根据佛教理论，最有效的就是念南无阿弥陀佛。

念佛的时候，亡灵正在阴阳交错的关头，前途茫茫，漂泊不定，凄苦难安。这时念佛，佛光就照耀过来，就有温暖、光明和安慰，就能将阿弥陀佛的形象显示出来，扫除恐惧。魂魄见了佛，马上就跟着走了，如新衣换掉旧衣，旧家搬到新家一样简单自然。

看透无常，珍惜现在。在有限的生命里，行善越多，灵魂便也越强大、越纯净。

死亡之时，灵魂便从渺无人烟的茫茫荒漠，向极乐世界去。

不必祈求疾病不临己身
应该效法古圣先贤
以疾病为良药
自救救他
以疾病为针砭
利己利人

敬钟如佛

钟，是佛教丛林寺院里的号令，清晨的钟声是先急后缓，警醒大众，长夜已过，勿再放逸沉睡。而夜晚的钟声是先缓后急，提醒大众觉昏衢，疏昏昧！故丛林的一天作息，是始于钟声，止于钟声。

有一天，奕尚禅师从禅定中起来时，刚好传来阵阵悠扬的钟声，禅师特别专注地竖起心耳聆听，待钟声一停，忍不住地召唤侍者，询问道：“早晨司钟的人是谁？”

侍者回答道：“是一个新来参学的沙弥。”

于是奕尚禅师就要侍者将这沙弥叫来，问道：“你今天早晨是以什么样的心情在司钟呢？”

沙弥不知禅师为什么要这么问他，他回答道：“没有什么特别心情！只为打钟而打钟而已。”

奕尚禅师道：“不见得吧？你在打钟时，心里一定念着些什么？因为我今天听到的钟声，是非常高贵响亮的声音，那是正心诚意的人，才会发出这种声音。”

沙弥想了又想，然后说道：“报告禅师！其实也没有刻意念着，只是我尚未出家参学时，家师时常告诫我，打钟的时候应该要想到钟即是佛，必须要虔诚、斋戒，敬钟如佛，用如如入定的禅心，和用礼拜之心来司钟。”

奕尚禅师听了非常满意，再三地提醒道：“往后处理事务时，不可以忘记，都要保有今天早上司钟的禅心。”

这位沙弥从童年起，养成恭谨的习惯，不但司钟，做任何事，动任何念，一直记着剃度师和奕尚禅师的开示，保持司钟的禅心，他就是后来的森田悟由禅师。

奕尚禅师不但识人，而从钟声里能听出一个人的品德，这也由于自己是有禅心的人。谚云：“有志没志，就看烧火扫地”，“从小一看，到老一半”。森田沙弥虽小，连司钟时都晓得敬钟如佛的禅心，难怪长大之后，成为一位禅匠！可见凡事带几分禅心，何事不成？

刚刚粉刷过的醒目砖墙，是一道『戒』，告诫出家人既入佛门，就必须四大皆空，静心修佛方得正果。

一位红衣僧人略弓后背，手拿锄头，整理地面上的碎杂石块。同时，他也是在清理内心的杂乱。

外界的戒律再森严，如若内心不去遵守，也是无益。学佛之人，应当在心的四周立起高耸的『戒』之墙，让心灵不受污染，不受贪欲所扰。

当心中升起智慧，升起忏悔，升起禅定，升起般若，这些就已构成了源源不断的心灵财富。

戒

如城墙　舟航　光明

指南　水囊

能清净受持

自有大力量　大功德

成功在里面

你大我小

你有我无

你乐我苦

你对我错

星云二十三岁到达中国台湾时，身无分文又无入台证明。多亏吴伯雄父亲的安排，才让他得以在台湾入户并久居下来。

在世界佛教论坛的闭幕大典上，老友重逢。那愉快而熟络的神色，闪闪发亮。

星云大师说，当我们面带笑容，看在对方眼中，那朵微笑是发光的；

当我们口出赞叹，听在对方心底，那句赞美是发光的；

当我们伸手扶持，受在对方身上，那温暖的一握是发光的；

当我们静心倾听，在对方的感觉里，那对耳朵是发光的。

因为发心，凡夫众生也可以有一个发光的人生。

图书馆

英国格拉斯哥市的一家书店门口总放着一箱旧书，有一个靠奖学金过活的穷学生，在箱内看到一本学校指定要看的书，就每天花些时间读一章。后来他赚够了那本书的钱，没想到那本书已不在纸箱里了。

他走到柜台询问，只见老板伸手从身后书架上取下那本书，把它递给穷学生："有位先生想买这本书，可是我知道你还没有看完。"

对学生来说，书是他的生命。书店的老板给这位穷学生一点因缘，也等于给了他一个思想，一个知识，一个大千世界。

四十几年前，我初到台湾，一无所有，食用都有困难，买书更是奢望。后来，积攒了一些钱，就全数拿来买书。同学们看到我将钱花在买书上，便问我："你钱不拿来买穿的、吃的，干吗老是买书呢？"我义正词严地说："我将来要办图书馆！"他们听我这么说，哈哈大笑："你真是做梦，还想办图书馆哪？"我没理会他们的嘲讽，依旧有了钱，就拿来买书。就这样买了几十年，从中文的书籍，到日文、英文、俄文、西班牙文、法文；从佛教书籍，到哲学、文学、历史、传记。到现在，不但自己阅读了许多书，也创建了二十六个图书馆。

王安石说："贫者因书而富，富者因书而贵。"一个学校的生命，就在图书馆，一个人的生命，就在阅读。所以我宁愿将自己的收入用来买书，以供大众畅游于图书法海中，让每个人都能因书而富贵，通过书去看看世界，读读古今，在书中，振翅高飞。

书香人家

星云

还好有我在

云岩昙晟禅师与长沙的道吾圆智禅师，同是药山惟俨禅师的弟子，两人非常要好。道吾禅师四十六岁才出家，比云岩大了十一岁。

有一天，云岩禅师生病，道吾禅师去探望时问他："离却这个壳漏子，向什么处再得相见？"意思是：往生以后，我们在哪里相见？

云岩禅师毫不迟疑地回答："不生不灭处相见。"

道吾禅师不以为然，提出不同的意见："何不道非不生不灭处相见？"

说完也不等云岩的回答，拿起斗笠便往外头走去。云岩禅师叫道："请停一下再走，我还有话请教。你拿斗笠做什么？"

"有用处！"

云岩禅师追问："风雨来时，做什么用？"意思是大风大雨时，一顶斗笠有什么用？

道吾禅师答："覆盖着。"

云岩禅师："他还受覆盖也无？"

道吾说："虽然如此，要且无漏。"

云岩禅师病愈后，口渴煎茶。

道吾禅师问："煎茶给谁吃？"

云岩答："有一个人要吃！"

"为什么他自己不煎？"

云岩回答："还好有我在！"

云岩和道吾是同门师兄弟，道风却不同。道吾活泼热情，云岩古板冷清，但两人在修道上互勉互励，彼此心中从无芥蒂。二人谈论生死，有道在生灭处相见，有道在无生灭处相见。生灭与不生灭，其实在禅者心中一如也。

道吾拿一斗笠，是让本性无漏也。在佛法里，漏就是烦恼的意思。能无漏，就是远离烦恼，即为完人。病中的云岩论生死，非常淡然。煎茶时道"还好有我在"，如此肯定自我，不堕生死，不计有无，这就是禅的解脱。

二〇〇九年三月底举办的第二届世界佛教大会，将无锡的灵山梵宫作为开幕会场。

身着明黄色袈裟的僧人整齐地围站会场一周，口中吟唱出的动听梵乐，如潺潺流水渐入心田。

这样空灵神圣的演出会场，是最容易接近佛祖的地方。我们在这里，受千人之感，集万人之力，洗彻心灵，拥有一个慈悲诚挚的灵魂。

有了这样的灵魂，人人皆是佛祖。

所谓学佛

就是向佛学习

佛

是慈悲的体现者

学佛如果没有慈悲心

如何与佛法相应

宁静致远

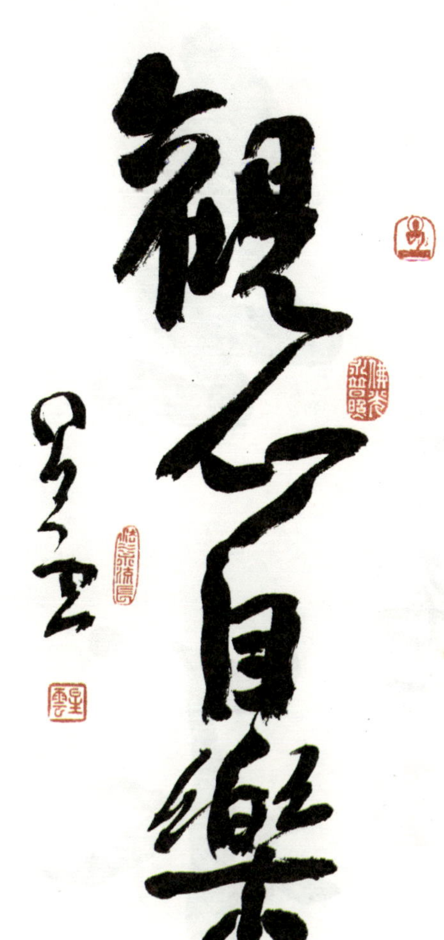

烧香是表示恭敬与牺牲
就如蜡烛燃烧自己 照亮别人
烧去自己的贪欲
才能得到无求的财富
烧去自己的恨
才能得到无恚的慈悲
烧去自己的愚痴
才能得到智能的光明

三根燃烧的香火挤成一簇，袅袅白烟飘向远方。看到这画面，就仿佛能闻到那股清香悠长的味道，仿佛能听到祈福人心底发出的喃喃自语的低沉声音。新年初始之际上香人最多，因有太多的心事需要寄托。迫切渴求一个崭新开端的人们，随时间慢慢燃去自己内心的压力、贪欲与悔恨，将希望和祝福萦绕于烟雾之中。这燃烧的过程是一种『舍』，人生有舍才会有得。

无私的爱

心怀喜舍心，常行布施，能够让人拥有充沛的活力，认为人生处处都美，时时希望无限。《大毗婆沙论》提到："施无贪欲者，获胜果无疑。"《增一阿含经》也说："随时念惠施，受福如响应，永已无短乏，所生常富贵。"一个人要有为人服务的喜舍心，日日月月，岁岁年年，坚持不退，只要有信心，本着无私的奉献精神，假以时日，山前一片功德田，必定稻穗飘香，金黄闪耀。

记得，佛光山开山之初，设立了一个小小的服务处"果乐斋"，专门供应来山信徒游客面食之用。有个小女孩从那时候开始便发心卖面，赞助大慈育幼院的经费。顾客少的时候，她高高兴兴地整理杂货，顾客多的时候，尤其每年春节平安灯法会期间，她依然不疾不徐地为盈门的宾客做最佳的服务，即使从清晨忙到晚上十一二点，还是满脸知足常乐的样子。

三十多年来，她由满头黑发做到银丝满布，仍然热心为人服务，没有埋怨，也不嫌苦，不骄傲，更不会对人失礼，默默地为人服务，无私地对待大众。

她，就是郭道光师姑，在佛光山奉献了三十几年，无时不在播撒人性的光辉、人性的爱，无私无己，如实奉行人间菩萨道。因为敬重她为佛教牺牲奉献的精神，回馈她的发心，佛光山在大慈庵特地准备一个设备齐全的房间，并给她一个功德主的名义，作为嘉奖。

她常说："女孩子何必一定要嫁人？何必只爱一个人？要爱就要爱一切众生。"

确实，爱大众、为大众服务，让人活得更有意义，人生更是精彩。

『诸上善人聚会一处』
心里清净
同修戒 定 慧三学
极乐世界就在人间

香港红馆，一盏巨大的莲花顶灯，繁复的花纹中透露出柔和洁净的光。众人围绕着大师，静静倾听他的演讲。

一派极乐世界。

佛法讲，我们内心非常混乱，是婆娑世界。经过修行的训练，改造内心的混乱，就能变成清净不染的内心世界。把这种内心世界兑现之后，极乐世界就诞生了。

曾经有一位在外参学多年的徒众，回来向星云大师销假时惊异地说道，『师父，您怎么一点也没有老？』

大师回答：『因为我没有时间老。』

光阴如流水，易逝而难返。以有涯的生命去完成无穷的使命，在暴雨中飞行，和时间做赛跑。

为生命灌输能量，让生命有所觉醒。

孔子曰：『其为人也，发愤忘食，乐以忘忧，不知老之将至。』

飞来佛 南京栖霞山的栖霞山寺，被誉为六朝圣地，千佛名蓝的道场。

栖霞山以石刻的千尊佛像工程为最大，在无人能攀上的最高山峰顶上，有一尊站立着的佛像，庄严生动，在峰下经过的人，无不举目上视。

1941年，有一信徒参观栖霞山时，见到峰顶上的佛像，就问引导的卓成禅师说："老禅师！那尊佛叫什么名字？"卓成禅师回答道："哦！那尊佛叫飞来佛！"老禅师的意思是说那个山峰很高，人没办法爬上去雕刻，这尊佛应该是从别处飞来的。信徒听后，很好奇地又问道："既然是飞来的，为什么又不飞去呢？"

卓成禅师道："一动不如一静。"

信徒再问道："为什么要'静'在这里呢？"

禅师回答道："既来之，则安之。"

卓成禅师随意的回答，给予我们很多的启示，"一动不如一静"，这是多么美妙的境界；"既来之，则安之"，这是多么肯定的生活。人，在动的世上，没有一刻的宁静，就是睡觉的时候，脑中意识都会起来活动（做梦），静中的境界才是广大的、平等的；静中的生活才是安详的、富有的。

所以，参禅，正如飞来佛给吾人的启示，"一动不如一静"、"既来之，则安之"。卓成禅师的妙答，也正是禅的妙用！

世界最大的
是海洋
比海洋还大的
是天空
比天空更大的
是人的心胸
所以愈是包容的人
愈是富有

云南滇池，既不失湖的秀丽，又具海一般的气魄。时而平和如镜，时而波涛万顷，美丽得宛若云贵高原上的一颗明珠。

每年冬季都有不计其数的精灵——海鸥——不远万里从西伯利亚高原飞到四季如春的昆明过冬，滇池民众待之如上宾。

当你的心宽广得容得下万民，容得下万物，容得下碧海蓝天，那么，你就拥有了全世界。

说过“谢谢”了

一天晚上，有人拿着一把利刃，悄悄地潜入七里禅师的寺院里，看到禅师正在诵经，于是恐吓说：“赶快把钱拿出来，否则我一刀结束你的性命！”七里禅师头也不抬，镇定自若地答道：“我正在诵经，你不要打扰，钱在那边的抽屉，你自己去拿吧。”强盗就打开抽屉，把钱搜刮一空后，正想转身离开，七里禅师忽然说：“钱不要全部拿走，留一点给我明天买花果供佛用。”强盗听了就放一点钱回抽屉，然后准备离去，此时禅师又说：“收了人家的钱，不说声谢谢就走了吗？”强盗也很听话，说了一句“谢谢”后，就飞快离去。

不久，这个强盗因为其他案子被官府逮捕，强盗招供他曾经抢过七里禅师的钱，于是官差带着这个强盗来到七里禅师的寺院，请禅师指认。但是七里禅师却说：“这个人不是盗贼，他没有抢我的钱，因为钱是我给他的，他也向我说过‘谢谢’了。”

盗贼因为有七里禅师替他作证，就减少了刑责。服刑期满后，特地来皈依七里禅师，成为禅师门下杰出的弟子。

禅的教育是非常活用的，禅有自悟性，禅更有度化力。禅可以帮我们找到自己，禅也能帮助别人回头是岸。所以一个真正的禅师，不是光做一个自了汉自修自悟，他也要有大慈悲、大方便、大智慧，不但用禅来引导自己，并且也用禅引导他人走上解脱之道。

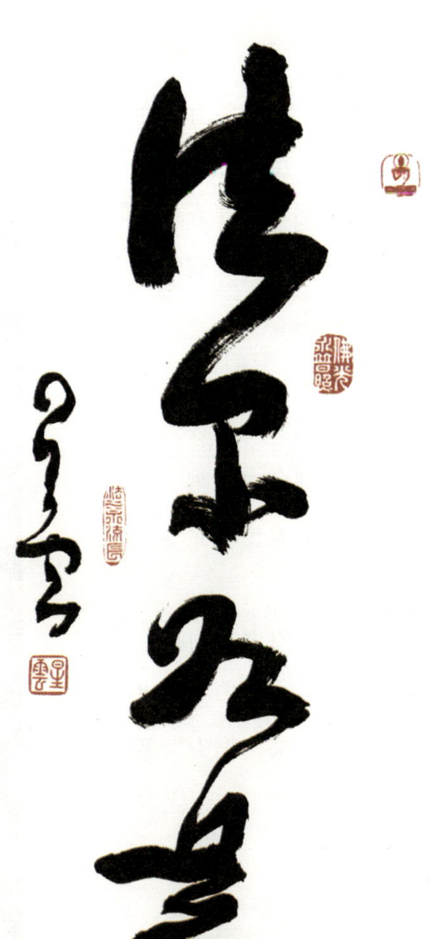

台中五戒会

有一年，我到佛光山东海道场传授三皈五戒。三皈五戒，在佛教是一种宣誓，即表示：“我做佛教徒了！”“我从此愿意奉守五戒！”这都是做人的根本。“五戒”相当于儒家的“五常”，所谓不杀生曰仁、不偷盗曰义、不邪淫曰礼、不妄语曰信、不饮酒曰智。

这一次的戒期约一千五百人，大多是年轻人，衣冠整齐，极有气质，在他们身上感受到台中这座文化城的水准。进步的都市，市民在经济、学业、事业等方面，都有一定的水平。

东海道场楼下有一个停车场，记得多年前是一条废水沟，看到那里蚊虫滋生，环境肮脏，觉得很可惜。因此我向当局提出建议，将这里整顿起来，作为大型停车场，便于大家停车，又能美化市容，减少交通阻塞。也因为如此，信徒的素质跟着提升了。

所谓“我为人人，人人为我”，帮助别人，也是在帮助自己。平时心中除了自己，还有父母、兄弟、姐妹、同学、朋友、同胞，及一切众生，凡事为他人着想，凡事以大众为优先，做到“爱人如爱己，率己以随人”、“一切为天下，建立大慈意”，心怀慈悲，喜舍为人，即能如《法句经》所言：“履仁行慈，博爱济众，有十　誉，福常随身。”乐于为众的同时，我们的心将随之愈益庄严、愈加善美。

人类最高的思想准则
就是华严思想
如因陀罗网般光光相照
灯灯相续
重重无碍
三千大千世界
尽摄于一微尘里

佛教大会上，整个大厅中照亮视野的，只有每个人手里的莲花灯。
全体观众和着僧人的节奏轻声唱诵，曲调静谧而回旋，让人不觉思量人生。
生命的本身是和暖而充满希望的。
所谓华严思想，是让我们的生命重新焕发出生的活力。
生的时候尽全力去爱、去做，燃烧热量；死的时候也并没什么可怕，只是进入生命的下一圈轮回，灯灯相续。

醒世篇

光阴流转

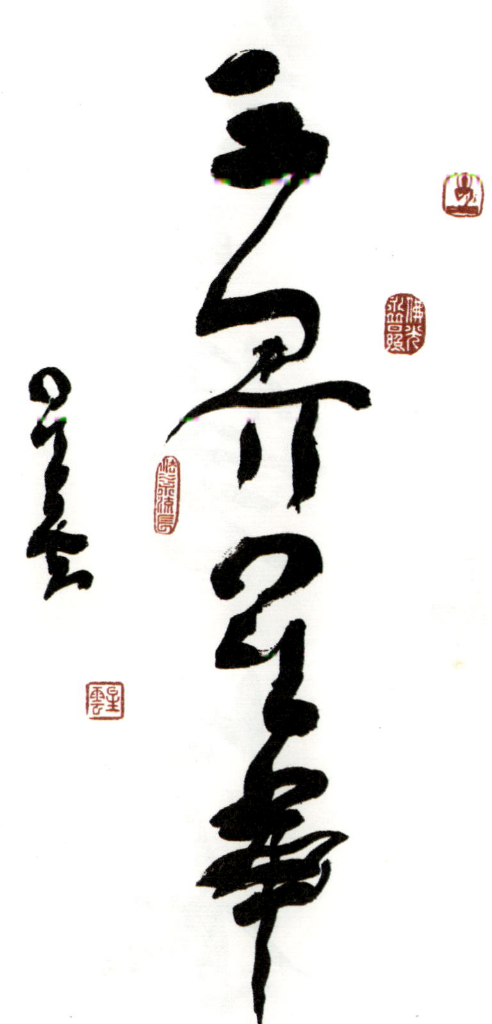

智慧法水

作为佛之创始者，释迦牟尼被世代信徒奉为神通者。其实，神通并不是高不可攀，并不是呼风唤雨或是腾云驾雾。生活本就是神通，心中智能就是无限财富。当你疲惫不堪，看到绿植就突然感觉心旷神怡；当一朵花枯萎，听到贝多芬的音乐又重新焕发生机；当一个人的心脏生了病，移植一颗就能像一个健全者一样跑跳自如；当你仅仅坐在家中，就能和远在海外的朋友谈天说地……这难道不是神通吗？仅靠人类头脑的智慧就可达到神通，更何况拥有源自内心的般若智能。

智能就是财富
能够开发内心的能源
人生才会活得充实快乐

珍惜现在

日本亲鸾上人九岁时，就已立下出家的决心，他要求慈镇禅师为他剃度，慈镇禅师就问他说：“你还这么年幼，为什么要出家呢？”

亲鸾：“我虽年仅九岁，父母却已双亡，我不知道为什么人一定要死亡？为什么我一定非与父母分离不可？为了探这层道理，我一定要出家。”

慈镇禅师非常嘉许他的志愿，说道：“好！我明白了。我愿意收你为徒，不过，今天太晚了，待明日一早，再为你剃度吧！”

亲鸾听后，非常不以为然地说道：“师父！虽然你说明天一早为我剃度，但我终是年幼无知，不能保证自己出家的决心是否可以持续到明天。而且，师父！你那么年高，你也不能保证您是否明早起床时还活着。”

慈镇禅师听了这话以后，拍手叫好。并满心欢喜地说道：“对的！你说的话完全没错。现在我马上就为你剃度吧！”

我国唐代玄奘大师，十二岁出家时，因唐代出家为僧须经考试及格，其时玄奘年幼，未能录取，玄奘伤心痛哭，主考官郑善果问为何定要出家，玄奘答以要“光大如来遗教，绍隆菩提佛种”，因其志愿宏伟，特准出家。今日中两圣者，古今辉映，亦佛教之美谈也。

堂中首座

灵树如敏禅师住持的灵树院，二十年来都没有人负责“首座”之职，每当有人问起，禅师就说：“我的首座刚刚出生啊！”又有人问，即答：“我的首座正在牧牛啊！”再有人问，就答：“我的首座正在行脚之中。”禅师的回答总让问的人不明所以。

有一天，禅师忽然命令撞钟击鼓，并吩咐大众到山门迎接首座。就在寺众还在讶异不解时，云门文偃禅师飘然而至，如敏禅师便请他担任首座之职。因此寺中相传，灵树禅师有能知过去和未来的神通。

不久，五代后汉刘晟将兴兵征讨之时，闻说灵树禅师有神通，便亲自入院，想请禅师指点未知的将来，以作为行军作战的决策参考。哪知灵树禅师已预知对方的来意，竟然事先示寂，刘晟得知此事，非常生气地说：“禅师到底生了什么病？怎么这么快就圆寂呢？”

侍者诚实地回答说：“禅师并没有生病，他早就知道你要来，所以先示寂了，不过禅师留有一个盒子给你。”刘晟接过盒子，看见内有字条一张，上面写着“人天眼目，堂中首座”。刘晟悟其意旨，便罢兵不再征讨，礼请云门禅师晋住灵树院，担任住持。

古德，很少滥竽充数，有的虚其位，以待其人；有的虽学德俱全，但也要以待有缘，龙天推出。一寺首座，一待多年，可见选择人才之慎重。云门禅师初在灵树院，后至云门山，兴教利众，灵树如敏禅师早就预见，但是也要待大器晚成也。

钟鼓声，木鱼声，诵经声，声声入耳；家事，佛事，天下事，事事在心。每逢农历初一、十五，寺院都会举办法会，礼佛诵经。广大的场地上梵音似浪，汇成一曲佛国天籁。一场盛大的佛教盛会绝不是单单靠个人之力就可完成。人需要依靠着身旁众多的因缘，才能有所成就。主动与人结交善缘，生活中出其不意的可喜变化，便悄无声息地崭露头角。

每一件事都是要依靠众多的因缘
才能成就
每一个人都是要仰赖无限的生命
才能成长

正知正見

星雲

悟与不悟

有一学僧，非常恭敬地请问慧林慈受禅师道："禅者悟道时，对于悟道的境界和感受，说的出来吗？"

慈受："既是悟的道，说不出来。"

学僧："说不出来的时候，像什么呢？"

慈受："像哑巴吃蜜！"

学僧："当一个禅者没有悟道时，他善于言辞，他说的能够算禅悟吗？"

慈受："既未悟道，说出的怎能算作禅悟呢？"

学僧："因为他讲得头头是道，如果不算作禅悟那他像什么呢？"

慈受："他像鹦鹉学话！"

学僧："哑巴吃蜜与鹦鹉学话，有什么不同呢？"

慈受："哑巴吃蜜，是知，如人饮水，冷暖自知；鹦鹉学话，是不知，如小儿学话，不解其义。"

学僧："然则，未悟的禅者，如何说法度生呢？"

慈受："自己知道的给他知道，自己不知道的不要给他知道。"

学僧："老师现在是知抑或不知！"

慈受："我是如哑巴吃黄连，有苦说不出；也如鹦鹉学讲话，讲得非常像。你说我是知呢，还是不知呢？"

学僧于言下有省。

禅悟的境界是怎么样？这实在是无法说明的，历代祖师用打用骂，硬是不肯说话，佛陀甚至讲，我所说法，皆非佛法，这不是笑话，因为不用言说的佛法，才是佛法。佛法、禅心，是自证的境界，是从无分别的平等性智而了知的，这不是黄连，应该是甜蜜；这不是鹦鹉，应该是菩萨。

年轻的僧人眉头轻锁，全神贯注，身旁的桌上摆放着笔记。

边读边记，才能理清思路，做到读一点，懂一点，悟一点。

太虚大师在描写他读书有得的情形时说：『阅经次，忽然失却身心世界，泯然空寂中，灵光湛湛无数，尘刹焕然炳现，如凌虚影像，明照无边。坐经数小时，如弹指顷，历好多日，身心犹在轻清安悦中。』

不计较心外的一切，深入经书，寒窗苦读，深山潜修，方能成为佛教之僧宝。在阅读中认识自己，读出佛心佛性，才是世间最有价值的学问。

读做一个人
读明一点理
读悟一点缘
读懂一颗心

心空及第 有位年老禅僧参禅一甲子，出家数十年，未求慧解，又未开悟，经常悔恨不已。一天，见一青年法师和他人论说四圣谛之理，心生钦敬，便很诚恳地向青年法师请求开示。青年法师戏谑老禅僧道："你只要天天以美食供养我，我一定教你证悟的法门。"

老禅师求道心切，真的以上等美食天天供养青年法师，时日一久，青年法师因老禅僧要求开悟，老是说时日无多，不能再等下去了。青年法师想再和他恶作剧一番，因此说道："好！你跟我来！"

青年法师带老禅僧进一空屋，至一角落，叫年老禅僧蹲下，用杨柳枝点其头说道："这是须陀洹果！"

老禅僧一心专诚，系念不乱，当下真的即获得初果。

青年法师再道："你虽得初果，却有七生七死，起来，到另一个落！"

老禅僧到另一个角落蹲下，青年法师又点其头说道："这是斯陀含果！此果尚有往来生死，起来，到另一个角落！"老禅僧到另一个角落蹲下，青年法师点其头说道："这是阿那含果！已证不还，但在色无色界受有漏身，念念是苦。起来，到第四个角落！"禅僧到第四个角落蹲下，青年法师点其头道："这是阿罗汉果！生死已了，好啦！"

老禅僧此时已证得阿罗汉果，欢喜无量，向青年法师顶礼，更设许多美食供养青年法师。

青年法师惭愧似的说道："我跟你开玩笑的，你别再认真了。"

老禅僧此时更至诚恳地说道："我真的已经证阿罗汉果了，不是开玩笑的。"

年老禅僧，参禅六十年，未能开悟证果，总是机缘未契，青年法师拿老人取笑，事实不该，但反而为老年禅僧助长了禅悟，真是"有心栽花花不开，无意插柳柳成荫"。老禅僧对禅道六十年的坚持，可谓行有余力，后对青年法师的恭敬供养，崇尚慧解，"行解并重"，开悟证果则易如反掌矣！

五台山上葱葱绿荫，白墙黑瓦，与现代化的缆车相应成趣。

僧人每天坐路途漫长的缆车，到山脚下收取信件和报纸；依旧每天到山下市集去购买水果和蔬菜，吃斋念佛；依旧每天读书写字，和师兄弟们一起参悟佛法。

万事都在变，报刊上写着世界的飞速变化。

而唯一不变的，是精神，是我们乐善好施的心。

世间的一切
并非一成不变
任何事物
都是变化无常的
重要的是
如何在变化的世界
变化的人生
变化的感情中
持有一颗永恒的真心

信解行证

一休与五休

有一天，有人问一休禅师道："禅师，你什么名字、法号都好叫，为什么偏偏要叫'一休'呢？"

一休禅师听了就回答说："一休万事休，有什么不好！"

信徒听了就说："原来一休万事休，那很好，很好。"

一休禅师又说："其实一休不好，二休才好。"

信徒怀疑地问道："二休怎么好呢？"

一休禅师说："生要休，死也要休，生死一齐休，才能了脱生死，所以烦恼也要休，涅槃也要休，二者一齐休。"

信徒听了以后，也体会出这个道理，就跟着说道："不错，不错！二休才好。"

一休禅师又说："二休以后，要三休才好。"

信徒惊奇地问道："三休怎么好呢？"

一休禅师说："你看你老婆天天跟你吵架，像只母老虎，最好是休妻；做官要逢迎，也很辛苦，最好是休官；做人处世有争执，最好要休争；能够休妻、休官、休争，有这三休才是快乐之道！"

信徒听了以后，认为很对，就说道："没错！三休真好。"

一休禅师又再进一步说："四休才最好。"信徒问道："四休怎么好呢？"

一休禅师回答道："酒也休、色也休、财也休、气也休，酒、色、财、气四种一齐休，不是很好吗？"信徒听了也点头同意。

一休禅师最后说："其实这四休还不够，要五休才好。人生最苦的就是我们的肚子要吃饭、要吃菜、要喝水、要这样、要那样，为了这个五脏庙，我们每天就有种种的辛苦；假如把这五脏庙也一块儿休了，就统统没有事了。"

一休禅师和信徒讨论名字，从一休而到五休，真是反映了人生的现况。为了这个，为了那个，所以万般休不了。千休与万休，总不如一休，一休万事休，更莫造怨仇，这就是一休的禅了。

星云大师脸上挂着只有十几岁孩子才拥有的笑脸，用右手比出一个『ＯＫ』。

这是大师常用的手势，常说的话。星云大师说：『承蒙有些人夸赞我聪明。所谓聪明，是从何而来的呢？如果我真的有一点聪明的话，我想都是从为人服务的苦行中修来的。』

ＯＫ的人生
是一个付出
肯吃亏
愿意奉献的人生
ＯＫ的人生
是不分亲疏
不需回报的人生
ＯＫ的人生
是以助人为美德的人生
是凡事都说ＯＫ的人生
有能力者
才有足够的力量去帮助别人
所以ＯＫ的人生
就是有能力的人生

時雲亦雲

星雲

学道的过程
如果只靠自己没有指引
则无法因指见月
但一味的依赖别人
则有如附木之藤将无所成就

细腻的风筝线清晰可见，火红的风筝上是传统的中国剪纸图案。大雁塔的轮廓影影绰绰。塔，本为佛教之物，『浮屠』即喻佛塔。岑参赞其：『塔势如涌出，孤高耸天宫』，『下窥指高鸟，俯听闻惊风』。杜甫诗云：『高标跨苍穹，烈风无时休。自非旷士怀，登兹翻百忧。』佛家的慈悲为怀与士子的忧时伤生，都凝结在塔里。

因缘所成

桂琛禅师参访玄沙禅师，玄沙知道他深研唯识法相之学，故而指着一张竹椅问道：“三界唯心，万法唯识，这个汝作么生会？”

桂琛禅师答道：“既曰唯识，又曰唯心，那就作唯识唯心会好了。”

玄沙禅师不以为然，说道：“理则是矣，无如破坏事相了，唯识唯心并不破坏宇宙万有。”桂琛禅师指着一张桌子道：“那请问老师，您唤‘这个’作什么？”玄沙禅师答道：“桌子！”桂琛禅师摇头道：“老师不会三界唯心，万法唯识，‘这个’不唤作桌子，桌子者，乃是假名假相。”

玄沙禅师立刻改口气道：“的确‘这个’不是桌子，‘这个’的真相乃是木柴，木柴做成桌子则唤作桌子，做成窗子则唤成窗子，实则桌子、窗子的本来面目仍是木柴。”桂琛禅师不住地点头，但玄沙禅师指着木桌又改口道：“此‘这个’非木柴，非窗子，此乃山中大树。”

玄沙禅师见桂琛禅师正要开口，举手制止，故又再说道：“此亦非大树，此乃一粒种子为因，再集阳光、空气、水分、土壤等为缘而成树、成木、成窗、成椅，实则树木窗椅，乃宇宙万有之因缘所成。”

桂琛禅师道：“宇宙万有，仍是唯识唯心。”

玄沙禅师道：“汝既来此参学，不如说宇宙万有一切都是‘禅心’。”

桂琛禅师与玄沙禅师所论，涉及唯识、性空、禅等学理，但玄沙禅师最后仍会归“禅心”，因桂琛禅师既从唯识而转归参禅，对过去所知所学不能舍去，怎能入禅？如一茶杯，已留有其他汁液，如今再装茶水，总会变味，桥路虽然相通，但仍应桥归桥，路归路，平等中示现差别，差别中亦平等。

天生我才必有用
一个人
只要有实力
就有机会发挥所长
只要是千里马
总会遇到个伯乐

这是极为难得的一张照片。于人民大会堂观众席的一排一号的位置拍下，偏离一个位置都无法有这样端正的视角和整齐划一的美感。

舞者不断变化手臂的位置，而拍摄者就在最圆满的一刻按下了快门。

这二十一位聋哑姑娘来自残疾人艺术团。她们圣洁高雅，舞姿优美婉转，传神地表现了千手观音的慈善与尊严。

常年生活在无声的世界，却能够将舞蹈演绎得如此震撼心灵，几近完美，是因为走过了一条漫长而艰难的路。

电话皈依记 为了筹建佛光大学，举办一连串“佛光缘书画义卖会”活动，不仅受到社会大众瞩目，也因各界人士共襄盛举，让每场义卖得以顺利圆满。有一天，负责义卖文宣的陈筱君小姐偕同朋友来见我，表示愿为活动效力，当他们问我如何将这许多名画汇集起来，我拿出张大千的名作《观世音菩萨》，娓娓道出它的因缘。

一个清风月白的夜晚，我伏案读信，当读到一封来自香港高伯真先生的信时，感动浮上心头。信中，叙述他的父亲高岭梅先生卧病在床，住院期间一心想皈依三宝，问我是否方便前来。字里行间，我看见一位孝子为满老父心愿，特地写信给素昧平生的我，其孝心可感可嘉。然而我行程已排满，一时也抽不出空，于是采权宜之策，以越洋电话为高老先生做了皈依。事后，高先生一家千言万谢，一定要送我这幅名画作为酬答，这才晓得高老先生是香港鼎鼎有名的收藏家。

一幅观音画像，不但支持了佛光大学，并且给了高岭梅先生一个皈依佛教的因缘。我想，人生不论信何种宗教，懂得及早作准备，知道回头转身，便是可贵。

这是真正意义上的最后的马帮。红褐色的剑川土地，干净得不染一丝灰尘的天空。强烈的逆光，勾画出长途跋涉的骏马剪影。炙热的放射状的阳光角落里，闪耀着动人的光斑。

这是白族马帮运送普洱茶去拉萨的日子，也正是青藏铁路通车的日子。从此，这条『茶马古道』便失去了它原有的运送功能，留下一道悠长的无法替代的历史文明。

生命的尊严
不在于它的绚丽
而在于它为后人
所带来的怀念
生命的意义
不在于它的长久
而在于它为后人
所带来的典范

地狱

无德禅师收了不少青年学僧，大家慕名而来跟他学禅，禅师叫大家把所有一切都不准带进山门。在禅堂里，他要学僧“色身交与常住，性命付给龙天”，但学僧有的好吃懒做，讨厌工作；有的贪图享受，攀缘俗事。无德禅师不得已，说了下面一段故事：

有一个人死后，神识来到一个地方，当他进门的时候，司阍对他说：“你喜欢吃吗？这里有的是东西任你吃。你喜欢睡吗？这里睡多久也没有人打扰。你喜欢玩吗？这里有各种娱乐由你选择。你讨厌工作吗？这里保证没有事可做，更没有人管你。”于是此人高高兴兴地留下来。吃完就睡，睡够就玩，边玩边吃，三个月下来，他渐渐觉得有点不是滋味，于是跑去见司阍，并求道：“这种日子过久了，并不见得好，因玩得太多，我已提不起什么兴趣；吃得太饱，使我不断发胖；睡得太久，头脑变得迟钝；您能不能给我一份工作？”司阍：“对不起！这里没有工作。”

又过了三个月，这人实在忍不住了，又向司阍道：“这种日子我实在受不了了，如果你再不给我工作，我宁愿下地狱！”司阍：“你以为这里是天堂吗？这里本来就是地狱啊！它使你没有理想，没有创造，没有前途，渐渐腐化，这种心灵的煎熬，要比上刀山下油锅的皮肉之苦，更来得叫人受不了啊！”

禅，不是闭眼打坐，闭眼打坐只是进入禅的方法之一，真正的禅是什么？搬柴运水是禅，腰石舂米是禅，犁田锄草是禅，早耕晚课是禅。其他还有忍耐慈悲是禅，劳苦牺牲是禅，方便灵巧是禅，棒喝教化是禅，无禅是地狱，有禅才是天堂极乐。

吃虧是福

值諸佛法

星雲

佛心佛性

天空金色迷人，骆驼步态优雅。丝绸之路上的静谧沙漠，记录了生命的厚重，人间的冷暖。清脆的风吹驼铃之声，送去了中华的辉煌文明，带来了世间的无限智慧。

禅，就是心中宁静。这宁静是修身养性的妙方。

一个人坐在窗边聆听滴滴答答的雨声，躺在静谧的夜空下轻声数着天上繁星，站在江河瀑布前感受滔滔流水。这些时候，我们的心总是更容易沉淀下来，更容易达到一个思考的广度和深度。

参悟的过程是心底最深邃最柔软的那部分——对于真理的响应。

无声参学，心却可以到达最遥远的地方。

所谓宁静致远
唯有在宁静中
不乱看 不乱听 不乱说
我们才能找回自己
增长智能
见人所未见
听人所未听
说人所未说

像牛粪

宋代苏东坡到金山寺和佛印禅师打坐参禅，苏东坡觉得身心通畅，于是问禅师道：“禅师！你看我坐的样子怎么样？”

“好庄严，像一尊佛！”

苏东坡听了非常高兴。佛印禅师接着问苏东坡道：“学士！你看我坐的姿势怎么样？”

苏东坡从来不放过嘲弄禅师的机会，马上回答说：“像一堆牛粪！”

佛印禅师听了也很高兴！苏东坡见禅师被自己喻为牛粪，竟无以为答，心中以为赢了佛印禅师，于是逢人便说：“我今天赢了！”

消息传到他妹妹苏小妹的耳中，妹妹就问道：“哥哥，你究竟是怎么赢了禅师的？”苏东坡眉飞色舞，神采飞扬地如实叙述了一遍。苏小妹天资超人，才华出众，她听了苏东坡得意的叙述之后，正色说：“哥哥，你输了！禅师的心中如佛，所以他看你如佛，而你心中像牛粪，所以你看禅师才像牛粪！”

苏东坡哑然，方知自己禅功不及佛印禅师。

禅，不是知识，是悟性；禅，不是巧辩，是灵慧。不要以为禅师们的机锋锐利，有时沉默不语，不通过语言文字，同样有震耳欲聋的法音。

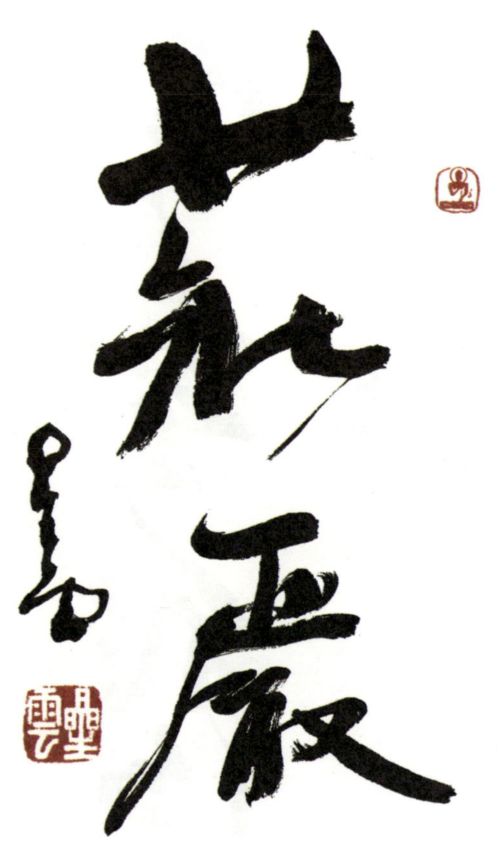

佛光山最突出的标志是金身接引大佛，大接引佛左手下垂作迎迓状，右手举至肩，掌心向前，手指向上，表示『接引上天』。佛像全身贴金，每与朝阳暮霞相映，即现金光万丈，耀眼夺目。大佛脚下另排列着一圈与其相貌、姿态相同的佛陀，据统计共有四百八十座，皆镀金身，气派宏伟庄严。

佛光人的信条简单说其实就是结善缘、结人缘。人是依靠因缘生存在这个世界上，一个人的力量是单薄的，应该广结善缘，结缘越广，成就越大。

菩萨的大智是为了实践大悲
大悲是为了完成大智
两者运用自如
相辅相成
悲智双运
才可以成就无上菩提

化缘度众 昭引和尚云水各地，被大家认做是一个行脚僧时，有信徒来请示："发脾气要如何改呢？"

"脾气皆由嗔心而来，这样好了，我来跟你化缘，你把脾气和嗔心给我好吗？"

信徒的儿子非常贪睡，父母不知如何改变他，昭引和尚就到他家，把梦中的儿子摇醒："我来化缘你的睡觉，你把睡觉给我吧！"听到信徒夫妻吵架，他就去化缘吵架。信徒喝酒他就去化缘喝酒。

昭引和尚毕生皆以化缘度众，凡是他人的陋习，均是以化缘改之，所到之处蒙其感化的信众不计其数。

化缘有缘，这本是美好的事啊！

立地成佛 无德禅师，教徒非常严格，在他座下，有一位沙弥在走夜路时，不小心踏死了一只青蛙。

无德禅师知道了以后，就非常严厉地教训道：“你怎么可以随便踩死生灵呢？这是犯了杀生根本大戒，为免业报轮回，你应该到后山跳下悬崖去舍身谢罪吧！”

沙弥一听，刹那间犹如五雷轰顶，这才知道闯下大祸，只好拜别师父，万分伤心地走到悬崖，预备殉身谢罪，但往下一看，哎哟！峭壁悬崖，只要往下一跳，立刻粉身碎骨，此时命在须臾，沙弥心想：跳下去，必死无疑；不跳呢，违背师父的指示，这可怎么办呢？沙弥左思右想，真是进退为难，忍不住掩面痛哭了起来。

就在他哭得伤心的时候，有一个杀猪的屠夫刚巧经过此山，看到沙弥跪在路旁哀哀痛哭，便上前问道：“小师父！你为什么在此哭得如此伤心？”

沙弥回答道：“我踏死一只青蛙，师父要我跳崖自杀，忏悔谢罪！”屠夫一听，顿时悲从中来，悔恨万分道：“小师父啊！你不过无心踏死一只青蛙，罪孽就这么重，要跳崖才能消业。我天天杀猪，屠来宰去，满手血腥，这罪过岂不无量无边，不知有多深多重。唉！小师父呀！你不要跳崖自杀，让我跳吧！让我来代你谢罪赴死！”

屠夫一念忏悔心起，就毫不迟疑地纵身朝悬崖一跳，正当他随风飞坠，眼见就要命丧深谷时，一朵祥云冉冉从幽谷中升起，不可思议地托住了屠夫的身子，救回了他的生命。

“放下屠刀，立地成佛”这个典故，大概即源于此！罪业，在佛法里不是严重的问题，所谓严重，是造了罪孽不肯忏悔！忏悔的法水可以洗净一切罪业！即受戒的人，不怕犯戒，只怕不悔，因为破戒不重，破见才严重哩！

一个人心中有佛
除了可以倾诉
祈愿
更能产生
莫大的力量
心中有力
就不怕外界的伤害

惠安的老奶奶，面容沧桑，眼眸虔诚，充满希望。她祈祷的是生命中的小事，信仰却伟大而充满力量。

佛教不是绝对的偶像崇拜，而是要相信自己与生俱来的佛性。

佛是人，具有充分的人性，以人为本；而人也是佛，提升人性，发挥人性，就到达佛性。

信佛，就是信自己。

心中有佛的人，如悬崖峭壁上娇艳绽放的小花，摇曳风姿；如川流险滩中的小鱼，逆流而上。

自己就是佛，便再也没有什么能将我们伤害。

贵州都匀，是一个偏远的苗族自治州的首府。每年六七月间，都会举办苗族六月六风情节。被长镜头虚化的背景里，是密密麻麻的人群，撑着缤纷的伞，兴致勃勃地观看这场热闹非凡的表演。因自己是繁华世间万物中的一员而庆幸，因自己可接触到不同形态的人而感恩。这就是包容万象的盛大中华文化。

世界不是一个人的
唯有放下成见
去除我执
想想别人
才能拥有
全部的世界

给人欢喜

创建佛光山后，渐渐地，徒众慢慢积聚，大众所应共同遵守的宗旨、目标也渐趋必要。其中，我订定一个佛光人的工作信条：给人信心，给人欢喜，给人希望，给人方便。佛光人散播世界各地，他们奉行这四个信条，也确实自利利人，获得不少好评。

在香港，佛光山有一个分院“佛香讲堂”，平时信徒都是利用周末假期到寺院里礼佛，参与活动。如此一来，平常时间法师要做什么呢？除了用功修持以外，他们想到可以访问养老院，给他们欢喜；到孤儿院，为人服务。

有一天，住持法师就带了几个住众，到养老院为老人家服务，充实老人的精神生活。当活动结束，准备要离开的时候，有一个老人匆匆赶来，拿了一包东西，朝一个法师的手里一放，并且说：“这个给你带回去给佛祖用。”没想到，打开来一看，竟是黄金、首饰。面对惊讶的法师，老人家淡淡地说：“我在这里多少年来，没有遇到一个法师来看望过；今天终于遇到了，我就当成是佛祖降临。因此，我把自己所有的积蓄都布施出来。”

法师们只觉惭愧，原来是要给人欢喜、信心、希望的，到最后竟是对方给我们欢喜，给我们信心，给我们希望，给我们方便。其实，我们想要别人怎么样待我们，自己先要怎么样待人；倘若只问耕耘不问收获，收获自然会有的。

人间佛教的奉行者 孙张清扬女士是孙立人将军的夫人，过去我在栖霞山时，经常见到她前来礼佛闻法，但是并没有和她讲过一句话。

1949年，我初来台湾的时候，因为谣传大陆来了六百位“奸细”佯装成出家人，引起当局进行大肆搜捕的工作，慈航法师与我等多位僧尼都在那时身陷囹圄。孙张清扬女士等人知道后，到处奔波说项，才将我们从牢狱中营救出来。

三十岁那年，我接办《觉世旬刊》，生日那天，蒙她厚爱，为我准备素席庆祝，并以全套金盘金碗热忱款待，席中她表示愿意出资供我留学深造，但我志在弘法利生，因此婉拒了她。

在当年贫穷落魄的时候，她的隆情厚谊固然让我铭感于心，但是最让我感动的，还是她为佛教所作的一切贡献。来台之初，她不但戮力于抢救三宝的工作，并且慷慨出资，助兴善导寺；变卖首饰，从日本引进《大藏经》；设立益华书局，大量出版佛书；后来，她不辞辛劳，行走各地，讲经度众，对于正信佛教的弘扬，功不可没。当年台湾政界的高级人士曾要求她改信耶教，但她不假辞色，拒绝不从，并且在实际行动中表露她对佛教的坚定信仰。

在一篇文章中，她曾提及一段因缘：一年，她生了一场病，面斜嘴歪，失去往日的美貌，让她一度想要自杀。几经挣扎后渐渐转念，开始每日勤加礼拜观世音菩萨，终使病情转好。于此她发愿学习观世音菩萨慈悲救世的精神，对佛教的教育、文化、慈善事业，更是尽心投入，默默付出，不闻名利。

台湾佛教今日蓬勃发展，孙夫人的劳苦功高，是大家有目共睹的。然而自从因孙立人将军事件隐居以后，人情的淡薄实在令人欷歔不已，年老之后，更是无人问候。我有感于她一生护法卫教，功不可没，因此经常去探望她。临终前，她将永和的自家住宅托付给我，言明作为佛教文化之用。往生之后，我虽知她有儿有女，但还是自愿为她付丧葬费用，并且将她的灵骨送往佛光山安厝在万寿园内。更将她的故宅改建，作为佛教文化的重镇，以纪念她一生推行“人间佛教”的贡献。因为，每一个对大众、对宗教有贡献的人，都值得赞扬，值得报答。

敢是勇气
则表示有智能
敢是发心
则表示能担当

倒立桩，少林七十二绝技之一。练习的过程中，先是靠墙倒立，双手扶地，头顶下面垫一些书籍，以后逐渐减少所垫书籍的数量，并脱离墙体，头顶着地两手支撑。时间越长，则功夫越深。最终练到顶级时，双手贴于腿侧，只靠头顶着地，挺立不倒。没有几十年的苦练，不会有此成就。当初创立武功的高深道人，更要有一颗敢为而坚定的心，明知不可为而为之，置之死地而后生。

感人的故事

《大陆寻奇》节目制作人周志敏小姐，是国际佛光会会员，一心一意希望将佛光普照至世界各地；她发心通过大众传播为广大的观众服务，除了拍摄社会上慈悲爱心等光明面的报道，更远赴大陆拍摄锦绣河山的故事。她一心想要探讨黄河的源头从哪里来，长江的发源地究竟在哪里，甚至于金沙江的水从哪里来的。

她秉持着这个志愿，千辛万苦冒着生命危险到了金沙江、长江、黄河的源头。据说从来没有人安全抵达过，过去日本探险队到那里的死伤情形都还是有案可查的，现在周志敏小姐终于如愿抵达，更将国际佛光会会旗插上，任其随风飘扬。

她照了这一张照片送给我，我看了好感动，因为这一张照片是她冒着生死，抱着宏大的慈心悲愿去拍摄的一个镜头。后来，我在澳大利亚的国际佛光会第四次世界会员大会上，特地拿出来，供会员大众观赏，获得不绝于耳的如雷掌声。在场的周志敏小姐很感动，她说："我虽然冒着生命危险拍摄了这一张照片，但是在掌声中我得到了更多的鼓励、更大的信心、更多的力量。"

每一个人都需要赞美、掌声、鼓舞，但是，能不能都拥有周志敏小姐为大事勇猛无畏的力量？为净化社会人心的慈心悲愿呢？

不要担心世界上的人不给我们赞美、掌声，只要肯耕耘，功道自然成；只要具备奉献、牺牲的精神，不自私，为大众争取权益，必定也能像周志敏小姐一样，让全世界的人都赞美你，为你鼓掌，给你鼓励。

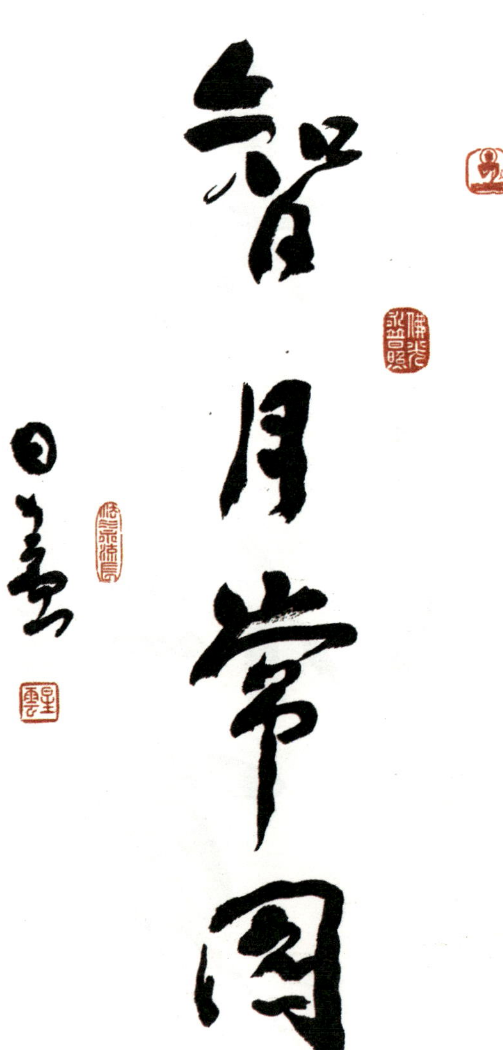

这是云南的香格里拉。群山之间那片有如古代集镇样子的建筑，就是噶丹·松赞林寺。

它始建于公元一六七九年，是云南省规模最大的藏传佛教寺院。

该寺选址时，五世达赖喇嘛占卜得神示：『林木深幽现清泉，天降金鹫戏其间。』于是，这座寺庙便于深林流水中建成。

『噶丹』表示传承黄教祖师宗喀巴首建之寺。

人活在世上
就是要追求快乐
快乐源自
放下 自在
不为旁人一句话而恼
不为他人一件事而怒

飞越生死 有一个学僧道岫，虽然精于禅道的修持，但始终不能契悟，眼看比他晚入参禅学道的同参，不少人对禅都能有所体会，想想自己实在没有资格学禅，既不幽默，又无灵巧，始终不能入门，心想还是做个行脚的苦行僧吧！于是道岫就打点二斤半的衣单，计划远行。临走时便到法堂去向广圄禅师辞行。

道岫禀告道："老师！学僧辜负您的慈悲，自从皈投在您座下参学已有十年之久，对禅，仍是一点领悟没有。我实在不是学禅的根器，今向您老辞行，我将云游他去。"

广圄禅师非常惊讶地问道："哦！为什么没有觉悟就要走呢？难道到别处就可以觉悟吗？"

道岫诚恳地再禀告道："我每天除了吃饭、睡觉之外，都精进于道业上的修持，我用功就是因缘不合。反观同参的道友们一个个都契机地回归根源。目前在我心的深处，萌发一股倦怠感，我想我还是做个行脚的苦行僧吧！"

广圄禅师听后开示道："悟，是一种内在本性的流露，根本无法形容，也无法传达给别人，更是学不来也急不得的。别人是别人的境界，你修你的禅道，这是两回事，为什么要混为一谈呢？"

道岫道："老师！您不知道，我跟同参们一比，立刻就有大鹏鸟与小麻雀的惭愧。"

广圄禅师装作不解似的问道："怎么样的大？怎么样的小？"

道岫答道："大鹏鸟一展翅能飞越几百里，而我只囿于草地上的方圆几丈而已。"

广圄禅师意味深长地问道："大鹏鸟一展翅能飞几百里，它已经飞越生死了吗？"

道岫禅僧听后默默不语，若有所悟。

谚云："人比人，气死人。"比较、计较，这是烦恼的来源，怎能透过禅而悟道呢？聪明、机智，大鹏鸟一展翅千八百里，但不能飞越过生死大海。因为小麻雀与大鹏鸟是比较上有快慢、有迟速，但禅要从平等自性中流出的。所以道岫禅僧一旦除去比较、计较，回归到平等自性中来，就能有所悟了。

每个人都有
无限的潜能
如同能源
藏在海底
藏在深山里
只待自己
去开采和发挥

一线潮，在八月十八日这天，太阳、月亮、地球几乎排在了同一条直线上，此时海水受到的引力最大，再加上钱塘江独有的地形和风势，就形成了这千古奇观。海，是生命的起源；潮，是无限的能量。

而人的潜能也是无限的，正如这海洋。

人体本身就是一台神秘莫测的机器，真正并且深刻地认识自己并非易事。

开发潜能不是靠白日梦般的臆想，而是要凭借日复一日的锻炼和积累。

禅心佛道
星云

房子在哪里 《那先比丘经》是一部非常有智慧的经典，其中大部分是述说弥兰陀王和那先比丘问道的经过。

那先比丘从禅修中证悟真理，出言吐语，总是充满了慧思灵巧，甚受弥兰陀王的尊敬。

有一天，弥兰陀王问那先比丘道："眼睛是你吗？"

那先比丘笑笑，然后回答："不是。"

"耳朵是你吗？""不是。"

"鼻子是你吗？""不是。"

"舌头是你吗？""不是。"

"那么真正的你就只有身体了？"弥兰陀王说。

那先比丘答道："不，色身只是假因缘、假合的存在，不是真我。"

弥兰陀王再问："那么'意'就是你了？""也不是。"

弥兰陀王最后问道："既然眼耳鼻舌身意都不是你，那么请问你在哪里？"

那先比丘微微一笑，反问道："大王，窗子是房子吗？"

弥兰陀王一愣，勉强回答："光只是窗子不是房子。"

"门是房子吗？""不是。"

"砖、瓦是房子吗？""也不是。"

"那么，床椅、梁柱才是房子了？""当然不是。"

那先比丘安详一笑："既然窗、门、砖、瓦、梁柱、床椅都不是房子，也不能代表这个房子，请问弥兰陀王，房子在哪里？"

弥兰陀王恍然大悟。

弥兰陀王悟了什么？就是佛法的真理："缘起性空。"大地山河，宇宙万有，都是因缘和合的存在，没有因缘，就没有一切。世上没有单独存在，也没有永恒不变的东西，一切都是因缘而生，一切都是因缘而灭。

我们的身体是假四大因缘而和合的，我们的房子也是假种种的因缘而成的，我们可以说活在因缘和合里：缘聚则成，缘散则灭。

能悟"缘起性空"，就能见到禅的风貌。

[illegible]不議

星雲

曲阜孔府大殿，传统的中国红。斑驳的痕迹，记录了儒家文化发展的艰难历程。

世界上任何一种真理的出现，几乎都为当时的世人所不解。因为它是超前而深邃的。

孔子虽然已经逝世两千四百多年，但他的思想仍在中国乃至世界上发挥着作用。孔庙、孔林、孔府是两千四百多年来尊孔崇儒的结果，有着极为丰富的历史内涵，是人类文化遗产的重要组成部分，吸引着越来越多的各国政治家、思想家、社会学家以及各界人士前来参观瞻仰。

慈心悲愿永不关

善恶贵贱

無惱

星雲

橙与黑两色，再纯净不过的画面。
额济纳的落日，厚密的云层透出金色的光芒，
映出『黑城』绵延的剪影。

有一则关于这座城的传说。
黑城是西夏王最后镇守的地方。当年成吉思汗因黑城的城墙坚固，久久不能攻破，便从上游切断水源。西夏土见境况危机，令城中军民连夜掘地挖井，但始终未见一滴井水。绝望之下，西夏王在溃败前夕，将全城的珍宝都投入枯井。而成吉思汗大军听闻此事，掘地三尺，却没有发现任何宝藏。
于是，宝藏的传说就成了永久的谜团，引无数后人前来寻宝。

等待　等待
春天播种的时候过去了
等待　等待
黄金随著潮水流走了
等待　等待
夕阳眼看著就要下山了
等待　等待
无常的弓箭就要射向你了

摩尼珠 佛陀在灵山会上时，手中拿了一颗随色摩尼珠，问四方天王道：“你们看一看这颗摩尼珠是什么颜色？”

四方天王看后，互说道是青、黄、赤、白等不同的色泽。佛陀就将摩尼珠收回，舒开手掌又问道：“我现在手中的这颗摩尼珠是什么颜色？”

天王不解佛陀心中所指，都不约而同地回答道：“佛陀，您现在手中根本就没有东西，哪有什么摩尼宝珠呢？”

佛陀真实地告诉四方天王道：“我将一般世俗的珠子给你们看，你们都会分别它的颜色，但真正的宝珠在你们面前，却视而不见，这是多么颠倒呀！”

四方天王们听后皆有感悟。

所谓摩尼宝珠者，乃喻吾人真心佛性也。世间所有人等，营求忙碌，总是希求荣华富贵。其实世间财宝，虚而不实，“富贵如同三更梦，荣华好比九月霜”，珍珠玛瑙，金银钻石，人为财死，比比皆是。人若能以追求世间虚而不实财富的精神，而用来开采内心的实藏，则光华不变的摩尼宝珠，才是取之不尽用之不竭之财富。

稚嫩的肌肤如精灵一般，短短的、细软的头发乖巧、柔顺地贴在脑袋上。双眼明亮，眉头紧锁，朱红的薄唇紧闭，似乎在极为认真地思考着什么。

诵经念佛是一辈子的事，不分年龄的老幼。孩童从小念佛，就会对生命充满感恩。长大之后，才会真正体悟到无常的含义。

改变不了的便不去执著，改变得了的就尽力去做。

无论人生的路途多长多短，都时刻抱着一颗欢喜随缘的心。

少年要有
礼赞生命的感恩
青年要有
自觉信念的价值
壮年要有
活水源头的精进
老年要有
欢喜生活的平静

你就是佛

有一天，灵训禅师前来参访归宗禅师。

灵训禅师请问归宗禅师说：“禅师，什么是佛呢？”归宗禅师十分为难地望着灵训禅师说：“这！不可以告诉你，告诉你，你也是不会相信的。”

灵训禅师听后马上说：“不！禅师！我是诚诚恳恳地来向您问道，您的话，我怎敢不相信呢？”

归宗禅师点点头说：“好！你既然肯相信，你靠过来，我告诉你！”然后归宗禅师把嘴巴贴在灵训禅师的耳朵上，细声地告诉他说：“你就是佛啊！”

灵训禅师听后，先是一愣，然后放声大笑说：“我就是佛！哈！哈！我就是佛！”

这个公案告诉我们“道”不必到外界去追求，无须心外去寻觅，因为道就在每个人的内心。如果我们心外求法就好比骑驴寻驴，缘木求鱼。事实上，每个人都有与生俱来的佛性，“佛在灵山莫远求，灵山就在汝心头”，不要舍弃自心的灵山，要向自我内心去提炼自性的宝藏。

萬里春風

[illegible]

福德具足

没有机会的时候
广结善缘
机会来临的时候
及时掌握

在香港举行的法门寺佛舍利供奉法会上，信徒恭敬地传递供品。

这供品很是精致特别。

这寿桃又不是如往常那样圆润端正，每个寿桃都有轻微变形，好似厚实的花瓣，组成一个形状完好的莲花。寓意佛光永驻，莲净心清。

能瞻仰这稀世舍利，实乃极大的缘分。亲手供奉，更是千载难逢的机会。

所谓良机，是要自他欢喜，公私两利。

没有机会的时候广结善缘，机会来临的时候及时掌握。

心平气和，眼捷手快，看穿变中的不变。

《大乘起信论》的『不变随缘』，就是把握良机的绝佳法门。

一百元

在台北民权东路上，有座佛光山别分院“普门寺”。一回，慈惠法师自普门寺出来，在民权东路上买东西。突然，一个五六年级的小学生，从后头拉住慈惠法师的衣角，嗫嚅地说道：“法师，你给我一百元好吗？”由于社会乱象丛生，诈骗事件时有所闻，慈惠法师面对小学生突如其来的举动，不胜疑惑。还未回神，小学生又说：“妈妈今天不在家，老师要我们交作业材料费，我需要一百元。”慈惠法师第一个念头认为，有可能是骗钱的，然而看着小学生额头沁着汗珠，涨红的脸蛋流露出一股股切期待的模样，又想：“或许他真的需要这一百元吧！”于是从皮夹掏钱给他。

一个多月以后，一个穿着现代的母亲领着一个孩子到普门寺找慈惠法师。见面时，这位母亲开口道：“师父你认识他吗？”慈惠法师回答：“抱歉，我不认识。”这母亲热络地握着慈惠法师的手说：“我因为出国，忘记留钱给孩子，听他说有天学校要交作业材料费，少了一百元，是师父你给他的。”“我是个公教人员，没什么可以表达我的谢意。听说你正在筹办佛光大学，就以十万元赞助你办大学，聊表心意吧！”

做一点善事，看似为人给人，实际上却是种一收百，种百收千，种千收万。就像慈惠法师的一百元，换来了十万元的功德，甚至无以计算的欢喜与感激之心。佛陀劝勉佛弟子应当“不舍微尘善事”，小小的布施，哪怕是一句话、一分钱、一个微笑，都是人世间最为甜蜜的暖暖温情。

行恶与修善

有学僧请示嵩山峻极禅师道："如何才是修行行善的人？"

峻极禅师回答："担枷带锁者。"

学僧不懂："如何是邪恶为非的人？"

峻极禅师回答："修禅入定者。"

这样的回答，使学僧觉得好像在雾里迷失了方向，不知其所以然。因此说道："学僧的根机愚昧，禅师的开示，颠倒难明。恳求禅师还是用简明易晓的方法开示吧！"

峻极禅师于是说："所谓恶者，恶不从善；善者，善不从恶。"

学僧如堕五里迷雾中，依然茫然不解。良久，峻极禅师问学僧："懂了吗？"

学僧回答："不懂。"

峻极禅师再说："行恶者无善念，行善者无恶心。所以说善恶如浮云，无所生也无所灭。"

学僧终于言下大悟。

做好事名曰善，做坏事名曰恶。善有善报，恶有恶报，不愁不报，时辰未到。三世因果历然俱在，在事相上说，一点不虚。但在本性上讲，善恶之名都不立，若能不思善、不思恶，即名见性，见到自己本来面目。所谓"罪业本空由心造，心若亡时罪亦灭"。

在真理上讲，作福行善，一味执著人天福报，岂非为枷锁所囚？作恶为非，虽要恶道流转，但本性仍是如此。故峻极禅师兴大慈悲，发此高论，乃要吾人莫为善恶所迷。

要知道，以为行善上升时，就一味执著有为善法，是究竟的解脱，这就错了。作恶下堕时，就心灰意冷，以为人生无望，这也是错的。实则"善恶是法，法非善恶"。

拳头本身不是善，不是恶。打人就是恶，可是替人捶背，却是好事。拳头本身是法，没有善恶，用出来却有善恶分别。所以，善恶是法，法非善恶。

别致优雅的蓝色大门，渗出青花瓷般的色泽；被镜头虚化的门把，似剔透水晶。门后的金色大佛，柳眉细眼，两耳垂肩，凝视门外，欢迎任何人走入佛门。

这是富士山下本栖湖边，一扇有形的门。

有形的门再多，若你紧闭的那扇心门不开，佛教真义也不得进来。

打开自己的心门，即使门外漫天风雨。

走进那敞开的佛门，即使那里有诸多磨难等待你。

让佛教打开山门
让佛教与社会
有更多接触
效法观世音菩萨的
普门大开
让有缘的人走进佛门来
是为普门

自然之美
星云

真正的佛法

有心禅师德高望重，博学多闻，担任寂相寺住持，来此向他问道的人虽多，可惜很少人能够契入。他有一位师弟名叫有得，根机迟钝，又有一目失明，平常都帮师兄做一些幕后工作，从未对客说法。

有一天，有心禅师刚好出门，有一禅僧来此参访，希望能当面请求开示。有得师弟不得已，只好硬着头皮以“无言对答”的方法来接见这位禅僧。

两人对面都不发一言，只是用手指笔画，不久之后，禅僧非常欣喜地向有得礼拜，拜后告辞。路上遇到有心禅师，因此就夸有得实在是个了不起的禅师法将，并滔滔地述说着他向有得请益的经过道：“首先，我竖一指，表示大觉世尊，人天无二；他就竖起两指，表示佛、法二者，一体两面，是二而一。之后，我竖三指，表示佛、法、僧三宝，和合而住，缺一不可；他就在我面前捏起拳头，表示三者皆由一悟而得。至此，我已技穷，只得向他礼拜而出。”

禅僧说后他去，有心禅师回来，有得非常气愤地向他报告道：“刚才有一个禅僧非常无理，他一进门向我瞧了一眼，接着就竖起一指，讽刺我只有一只眼睛！我因他是来参访的禅僧，对他客气，所以我就竖起两指，表示他有两只眼睛，非常幸运。谁知道这个人非常无礼，竟然举起三只指头，暗示他和我两个人只有三只眼睛，你说气不气人？因此我举起拳头，正要好好揍他，他就急忙磕个头跑掉了。”

有心禅师听后，不禁哑然失笑。

佛法，紧要处是契理契机，佛陀在华严会上，二乘人听闻佛陀说法，如聋若哑，法华会上也有五千退席。平时弘法传道者，契理容易契机难。如有心禅师德学俱全，但不易启悟别人，独眼的有得，虽根性迟钝，但和学者有缘，比手画脚，彼此驴头不对马嘴，但能令禅者悟道而去，这真是云无心以出岫，人有缘能悟道。

在柬埔寨，一般每个家庭都有一个孩子出家当僧人。家中若无人与佛有缘，会被视为粗俗而被人看不起。

在金边街上，常可看到身着橙色袈裟的青年僧人，面带慈善笑容，举止不凡，犹如一道阳光照亮悲苦人生。

人生中有益友相伴，在困难时给予勇气，在沮丧时给予信心，在迷惘时给予指引，实乃一大幸事。

这样的朋友不是『关系』，是『因缘』。于是人生的旅途充满力量。

欢喜做事

事劳而不觉其累

良友伴行

路遥而不觉其远

生生死死

活出希望

星雲

李袭誉教子之道

唐朝李袭誉，年轻时就通达聪慧，深具识见与气度。原本江淮一带的人民大多从事商业，少有农作物的生产，在他担任扬州太守期间，即大兴水利，灌溉田地八百余顷，使得老百姓纷纷获利，因而深受敬爱和拥护。

李袭誉性格严谨，处理事情一丝不苟；喜爱读书，已到了手不释卷的程度；生活俭约自处，俸禄多半分送宗亲，剩下的钱财，则用在写书上，所写的书就多达数万卷。

他每每告诉子孙："我不喜欢积聚钱财，所以生活过得并不富裕。不过朝廷赐给我十顷田地，往后大家好好耕种，就不必担心没饭吃；在河南，也有千余棵桑树，用来养蚕，就可以有衣服穿。另外，我写了那么多的书，大家用功读，日后一定可以求得官职。我死后，大家若能好好奉行这三件事，就不必求助于别人了。"李袭誉教育子孙的一番道理，很受当时社会的赞许。

中国人向来有留遗产给子孙的观念，但是遗产不一定是指钱财、房子、土地。有形有相的遗产，子孙不一定会善加运用，还可能成为纷争的来源，贻害后代。真有价值的遗产是慈悲智慧、道德学问，好的观念、技能。因为有形的财产终有用尽的时候，无形的财产才能丰富万代子孙的慧命。

我常教育徒众，应具备"以无为有"的人生观，凡事不求，不被物欲役使，内心坐拥无穷尽的法界；不在过分富裕中丧志，而在贫穷里长养安贫守道的意志与人格，随缘放旷，才是真懂得过生活的自在人。

山东孔庙的大殿，在平时来人稀少的日子，对于小孩子来说有些过于冷清。

成年人可轻易一跨而过的门槛，孩童看来却那样高大。

大概是第一次跨过这么高的门槛。

你是否还记得第一次离开父母的搀扶，独自蹒跚行走？

你是否还记得第一次握着铅笔，画出一横，成为你人生中书写的第一个汉字？

跨过自我的恐惧，跨过过往的经历，才能跨过历史，跨过人生。

人生是由很多经验
累积的
所以在跨出第一步时
要『敢』
只要敢承担　敢接受
敢尝试　敢卖力
没有什么事不能做的

拜拜是一时的
皈依是一生的
信仰是永久的

童心是最干净的，因为无杂念。孩子不懂什么佛教理念或是爱恨情缘，但他全心相信自己的母亲，认为妈妈烧香拜佛，一定是怀揣美好的愿望，达成一件完满的事。于是他学着母亲的样子，握着一大把香，用肉乎乎的稚嫩小手来回搓，似有所感地看着面前的佛陀。

一旦孩子长大，他就不得不在混杂的环境中摸爬滚打，背上社会的压力，铐上世俗的枷锁。所以母亲希望孩子能从小受到佛门的熏陶，做一个正直宽容、一心向善的人，然后独自面对纷扰人生。

一袭衲衣

有一位无果禅师深居幽谷一心参禅，二十余年来都由一对母女护法供养，由于一直未能明心，深怕信施难消，故想出山寻师访道，以明生死大事。护法的母女要求禅师能多留几日，要做一件衲衣送给禅师。

母女二人回家后，马上着手剪裁缝制，并缝一针念一句弥陀圣号。做毕，再包了四锭马蹄银，送给无果禅师做路费。禅师接受了母女二人的好意，准备明日动身下山，是夜仍坐禅养息。至半夜，忽有一青衣童子，手执一旗，后随数人鼓吹而来，扛一朵很大的莲花，到禅师面前。童子说："请禅师上莲花台！"

禅师心中暗想：我修禅定功夫，未修净土法门，就算修净土法门的行者，此境亦不可得，恐是魔境。无果禅师就不理他，童子又再三地劝请，说勿错过。无果禅师就随手拿了一把引磬，插在莲花台上。不久，童子和诸乐人，便鼓吹而去。

第二天一早，禅师正要动身时，母女二人手中拿了一把引磬，问无果禅师道："这是禅师遗失的东西吗？昨晚家中母马生了死胎，马夫用刀破开，见此引磬，知是禅师之物，故特送回，只是不知为什么会从马腹中生出来呢？"

无果禅师听后，汗流浃背，乃作偈曰：

"一袭衲衣一张皮，四锭元宝四个蹄；

若非老僧定力深，几与汝家作马儿。"

说后，乃将衣银还给母女二人，一别而去！

佛教的因果业缘，实在是难以思议的真理，即使悟道，若无修证，生死轮回，仍难免除，观夫无果禅师，可不慎哉？

善巧方便

星云

宽阔漫长的路途上，巨大绵延的冰山前，只有两个人与两只骆驼的剪影。画面好似可以无限延展，一直到天的尽头去。

这是帕米尔高原的冰山之父慕士塔格雪山，海拔七千多米。它是丝绸之路上的过往行人崇敬的一座圣山。生死是一种妄想烦恼，要远离，人生不要为生死太罣碍，应以对现实生活多关注、多爱护。

愿
就是一种理想
有理想
才有实践
两者相辅相成
才有丰硕的收成

雪霁便行

宋朝德普禅师性情天赋豪纵，幼年随富乐山静禅师出家，十八岁受具戒后，就大开讲席弘道。两川缁素无人敢于辩难，又因其为人急公好义，时人誉称他为义虎。

宋哲宗元祐五年十月十五日，德普禅师对弟子们说："诸方尊宿死时，丛林必祭，我以为这是徒然虚设，因为人死之后，是否吃到，谁能知晓。我若是死，你们应当在我死之前先祭。从现在起，你们可以办祭了。"大众以为他说戏语，因而便也戏问道："禅师几时迁化呢？"德普禅师回答："等你们依序祭完，我就决定去了。"

从这天起，真的煞有介事地假戏真做起来。帏帐寝堂设好，禅师坐于其中，弟子们致祭如仪，上香、上食、诵读祭文，禅师也一一领受飨餮自如。

门人弟子们祭毕，各方信徒排定日期依次悼祭，并上供养，直到元祐六年正月初一日，经过四十多天，大家这才祭完。于是德普禅师对大家说："明日雪霁便行。"此时，天上正在飘着鹅毛般的雪花。到了次日清晨，雪飘忽然停止，德普禅师焚香盘坐，怡然化去。

悟道的禅师，有一些言行生活，给人一种游戏人间的感觉，其实，禅者岂单游戏人间，连生死之间都在游戏。在禅者眼中，生固未可喜，死亦不必悲，生和死，不是两回事，生死乃一如也；因为既然有生，怎能无死？要紧的是超越生死，不受生死轮回，如德普禅师，不但预知生死，而且在生死中，留下这一段美谈，其不勘破生死而何？

演奏会前夕，藏传佛教的青年奏乐者在等待出场，空气凝固成霜。

将自己展现给众人之前，心中总是不免担忧或紧张。而准确传达的前提，就是肯定自我。

我们之所以会惶恐不安，是源于不自信。而不自信，又是源于不自知。

倘若知晓自己的长处和能力，自己的所想和所信，那么就可以把心情真实确凿地告知对方。只有自知，才能知人。

人若能肯定自己
不被五欲五尘的境界
牵著鼻子走
就能心安
心若安住
则天崩地裂又奈我何

百年一梦

金山昙颖禅师，浙江人，俗姓丘，号达观，十三岁归投到龙兴寺出家，十八岁时游京师，住在李端愿太尉花园里。有一天，太尉问他道：“请问禅师，人们常说的地狱，毕竟是有呢？抑是无呢？”昙颖禅师回答道：“诸佛如来说法，向无中说有，如眼见空华，是有还无；太尉现在向有中觅无，手揞河水，是无中现有，实在堪笑。如人眼前见牢狱，为何不心内见天堂？忻怖在心，天堂地狱都在一念之间，善恶皆能成境，太尉但了自心，自然无惑。”

太尉：“心如何了？”

昙颖：“善恶都莫思量。”

太尉：“不思量后，心归何所？”

昙颖：“心归无所，如《金刚经》云：‘应无所住，而生其心。’”

太尉：“人若死时，归于何处？”

昙颖：“未知生，焉知死？”

太尉：“生则我早已知晓。”

昙颖：“请道一句，生从何来？”

太尉正沉思时，昙颖禅师用手直捣其胸曰：“只在这里思量个什么？”

太尉：“会也，只知贪程，不觉蹉跎。”

昙颖：“百年一梦。”

太尉李端愿当下有悟，而说偈曰：

“三十八岁，懵然无知；及其有知，何异无知？
滔滔汴水，隐隐隋堤；师其归矣，箭浪东驰。”

生从何来？死往何去？这是一般人经常想到的问题，甚至是不少人都在探究的问题，但都没有人揭破这个谜底。释迦牟尼佛和历代禅师们道出了原委，又不易为人了解。生命有隔阴之谜，意即换了身体就不知过去一切，故千古以来，生命之源，一直众说纷纭，莫衷一是。其实生命的形相虽千差万别，而生命的理性则一切平等，佛教的缘起性空、三法印、业识、因果等的义理能通达明白，则“生从何来，死去何处”即不问可知了。

她，被誉为中国最美丽的乡村，名叫婺源。一排高高低低的小民房，白墙黛瓦，倒影漂浮在清净的水面。

如此美好的家园，给人温暖、包容和力量。

她不仅仅是地域上的，更是人心中的；不仅仅是自然意义上的，更是文化意义上的。

年少时想出外闯荡，游历多年才发现，还是家里洁白剔透的米饭，母亲盼归的眼神和绿水青山……才最值得挂念。

善为至宝
一生用之不尽
心作良田
百世耕之有余

穿衣吃饭

古来的禅僧们，有人和他们谈禅论道。你跟他说有，他用“无”给你做答案；你跟他说无，他跟你以“有”做回答；你谈相，他论性；你说性，他跟你说相。不是说故意唱反调，有时候他是见你在左了，便用右把你带回到中道；见你在右了，便用左把你带回到中道。

有个禅僧问睦州道明禅师道：“我们每天都要穿衣吃饭，并且天天重复，今天穿衣吃饭，明天还要穿衣吃饭，后天也要穿衣吃饭，实在是非常麻烦。请问禅师，如何才能免除这许多麻烦？”睦州禅师回答得非常妙，他说：“每天穿衣吃饭！”这个禅僧坦诚地说：“我不了解。”睦州禅师斩钉截铁地告诉他道：“如果你不了解，那你就每天穿衣吃饭。”

我们要怎么学禅？禅是单纯的，禅是不离开生活的；你吃饭吃得很美味，睡觉睡得很安然，就是禅。衣食住行、行住坐卧，本来就是禅，何必嫌麻烦呢？禅的妙用，就如禅师们常说的：“你有拄杖子，我夺却你的拄杖子；你无拄杖子，我给你拄杖子。”就是要你不可在有无上分别，要把有无调和起来。所谓“色即是空，空即是色；色不异空，空不异色”。精神和物质是一体的，本体和现象也是一如的，所以禅并没有离开生活。

平常人要穿衣吃饭，成佛悟道后，仍然要穿衣吃饭，所不同的只是穿衣吃饭的感受和意义有区别罢了。因为没有悟道，所以穿衣吃饭是累赘；若悟道了以后，穿衣吃饭都是解脱。甚至在禅者眼中，烦恼也是解脱，生死也是解脱，只要有禅心，就能“平常一样窗前月，才有梅花便不同”。

慧巧吉祥

星云

生死一如 见人获麟儿，常人总会心生欢喜，道一声“恭喜”，见人往生，便心生悲哀，劝告节哀顺变，那是以俗眼看人间生死事。在无尽生命的轮回里，生又何足喜，死又何必悲哀，因为生死好像时钟，从“一、二、三、四、五、六、七、八、九、十、十一、十二”，又再回到“一、二、三……”它是环状的，是不断轮转的，生生死死，死死生生。

1961年时，我在云林县虎尾镇念佛会主持佛七。益妙尼师前来，神色忧戚地告诉我：“恐怕您下次来就看不到我了。”我问她为什么，她说：“我染患大肠癌，医生说我只剩两个月的生命……”

我那个时候还年轻，听到生人作死别，也不知道怎么安慰她才好，只有说道：“出家人应该把生死看淡，生死一如，不要老是挂念死，在有生之年，做你欢喜做的事、助人的事，做一日和尚撞一日钟，其他的事不要想得太多。”

没想到她听了我的话以后，收起悲哀的情绪，在云林广播电台开辟《佛教之声》节目度众利生。每天半小时播佛教的节目，需要一千八百元左右，她就这么“五块钱、十块钱”地到处奔波劝募化缘，好缴纳《佛教之声》节目的播出费。

当我再度看到她时，她的脸上泛满红润的色彩，她不但没有往生，二十几年过去了，云林广播电台《佛教之声》节目，不断地给予听众莫大的信心与力量，而这位益妙尼师的生命，也仍然继续发挥她的光和热。

一个人忘记了生死，看淡了生死，体认生死本如此，纵使不治之症，在信仰力量前也会屈服。有了坚定的信仰，全心为人为教服务，精神有所寄托，生命的价值发挥极致，生死便不足以畏惧!

这是梵呗赞颂团在上海的演出。

众僧那微微翘起的嘴角，似闭非闭的眼，整齐划一的脚线，是一种静态的美。

舞者姿态翩翩，脚下涌动的烟雾流云似水，小袖飘洒，又是一种动态的美。

渐远渐暗的背景尽头，三盏星芒灯晕，好似神圣佛光。

而台上的绚丽掩盖不了现实生活中的苦难。将自己的生活像一出舞台剧那样经营，也许才能感觉人生之乐。

每出人生戏剧的落幕都会是同样的结局。不必焦虑惶恐，希望就在来世的另一个舞台。

人生的鞭炮　掌声　鼓声
都是上台下台的配乐
都在诉说上台下台的无常
假如这些声音
顷刻间都消失了
人生就像一个舞台
出生了　就是上台
世缘已了　也终要下台

真正会饮茶的人，是要去『品』的，而不是单纯去『喝』。茶入口，先是苦味，然后才有香醇的后觉。

历代的佛教祖师大德，多数是以苦行出身。苦行是僧侣应有的密行。

星云大师在青少年时，就勤苦耐劳。上山砍柴、担水洗碗，为人添饭加菜，什么都做过。但他从不以之为苦，反而觉得『服务为快乐之本』，并且练就了『神乎其技』的身手。他可以把碗筷玩弄于手掌之中，收放自如，得心应手；挑水打饭，更是如同腾云驾雾，毫不费力。从苦行生活里感到无上的快乐，便从来没有生起厌倦之心。这是真正的『茶』人生。

人生如茶味
茶有浓浓的 淡淡的
清香的 苦涩的
就像人生
如果你会喝茶
应该更懂得
如何体会欢喜的人生

一杯茶

稽山章禅师还是一个云水僧时，在投子禅师座下参禅，并领了柴头的职事。

有一天，章禅师做完工作之后，在庭院里碰到投子禅师，投子禅师以一杯茶慰劳他，一面斟茶，一面问道：“这杯茶如何？”章禅师双手接过茶后，说道：“这杯茶，可以说森罗万象都在这里！”投子禅师道：“森罗万象都在这里，如此说来，这是一杯非比寻常的茶，假若随随便便喝下去，谁知有何严重的后果？”稽山章禅师有恃于自己对禅的心得，在投子禅师尚未说完话时，就突然把茶泼掉，并且机锋严厉地说道：“森罗万象在什么地方？”章禅师自以为表现了灵敏的禅机，而投子禅师这时轻言慢语非常平静地说道：“可惜！一杯茶。”章禅师转话锋，道：“这只是一杯茶。”投子禅师不放过章禅师，以他的话重复道：“虽只是一杯茶，森罗万象都在这里！”

稽山章禅师终于无话可说。

一杯茶的内容，可以说很不简单，先是培养一棵茶苗，要它成长，不断地灌溉、施肥，所谓阳光、空气、水，可说一棵茶苗集合了宇宙万有的力量才能生长，岂非森罗万象都在一杯茶中？当初佛陀于一毫端中现宝王刹，蜗牛角上藏有大千世界，滴水三千，我只取一瓢饮。喝一杯茶的后果，岂不严重吗？

章禅师虽有见解，但不肯定，唯有投子禅师彻头彻尾，全始全终，认定宇宙就是一杯茶，一杯茶就是宇宙的心。

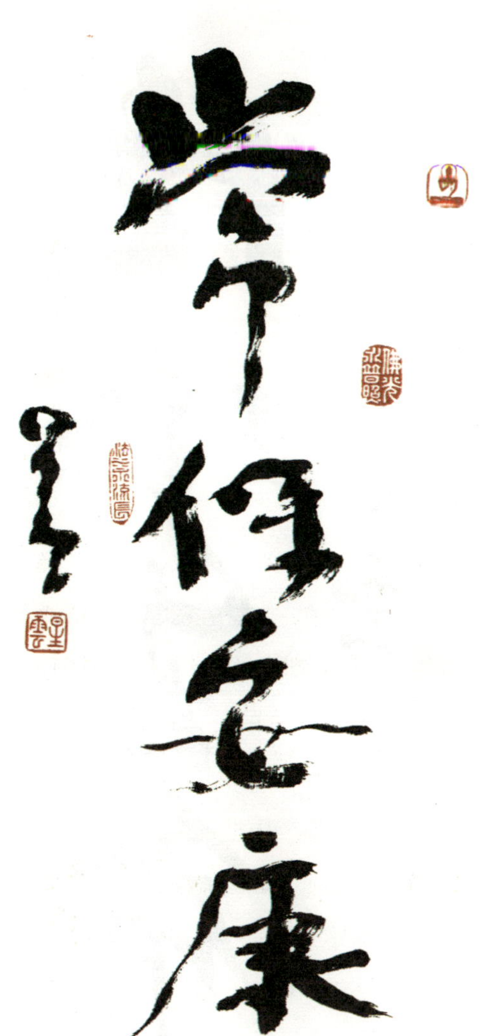

星云大师讲过一个关于富翁和海边老渔民的故事。

富翁认为，人要拼命工作赚钱，奋斗半生，才有钱去海边度假。而那个坐在海边看日落的老渔民却带着一脸平静的笑容，说他每天都可以欣赏这样的美景。

当我们遇到烦恼时，不妨从大自然中汲取经验与教化，感受大地普载众生的平等，感受海洋无有拣择的包容，感受阳光温暖普照的关怀。

这世界上的全部生命都是自然的宠儿，共同汲取着天地之灵气。人间最需要的地水火风，自然都会平等地给予每一个生命，不会有所偏倚。

万物毫无差别，平等互爱。

而这平等的心，正是般若之心。

『天上天下，唯我独尊。』

十法界中的一切众生

都是至尊至贵　平等无差的

般若性海里

众生的佛性都是清净不染的

大机大用 有一次，百丈怀海禅师参访马祖道一禅师时，站在他的身旁，马祖道一禅师转眼注视着绳床的角上挂着的拂子，怀海禅师顺着马祖禅师的眼光说道：“就是这个作用，应离开这个作用！”

马祖道一禅师道：“你以后要如何接引学人？”

百丈怀海禅师拿下拂子，竖了起来。

马祖道一禅师道：“就是这个作用，应离开这个作用！”

怀海禅师就把拂子挂到原来的地方。

忽然，马祖道一禅师振威大喝一声，震得怀海禅师的耳朵聋了三天。

后来，怀海禅师住持百丈山，因为山岩险峻高绝，所以又叫大雄山。

一天，百丈怀海禅师对弟子开示道：“禅教大法不是微小的事，我从前被马大师一喝，耳聋了三天。”

黄檗禅师听老师这么说后，不自觉地吐出舌头。

百丈禅师问道：“你以后不是要继承马祖的禅法吗？”

黄檗禅师答道：“今天老师举出这个公案，使我们见到马祖禅师的大机大用，但是还不能了解马祖大师，假如继承他的方法，以后将会接引不到学人了。”

百丈禅师说道：“如是！如是！见解与老师一样，见解超过老师，才可以承当禅教大法的传授，你有些地方超过了我。”

黄檗禅师听后，便恭恭敬敬地礼拜着。

后来沩山禅师问仰山禅师道：“百丈再参马祖因缘，此二尊宿意旨如何？”

仰山禅师道：“此是显大机大用。”

沩山禅师道：“马祖座下出八十四位善知识，几人得大机？几人得大用？”

仰山禅师道：“百丈得大机，黄檗得大用，余者皆是倡导之师。”

禅门的大机大用，主要就是直指本心，见性成佛。吾人在生活里，要能自由、自主，要能圆满、喜悦。精神和物质要合一，内心和外境要一如，随佛道而不成佛，随众生而不入众生，只讲开悟，只讲机用，此即所谓禅！

大機大用

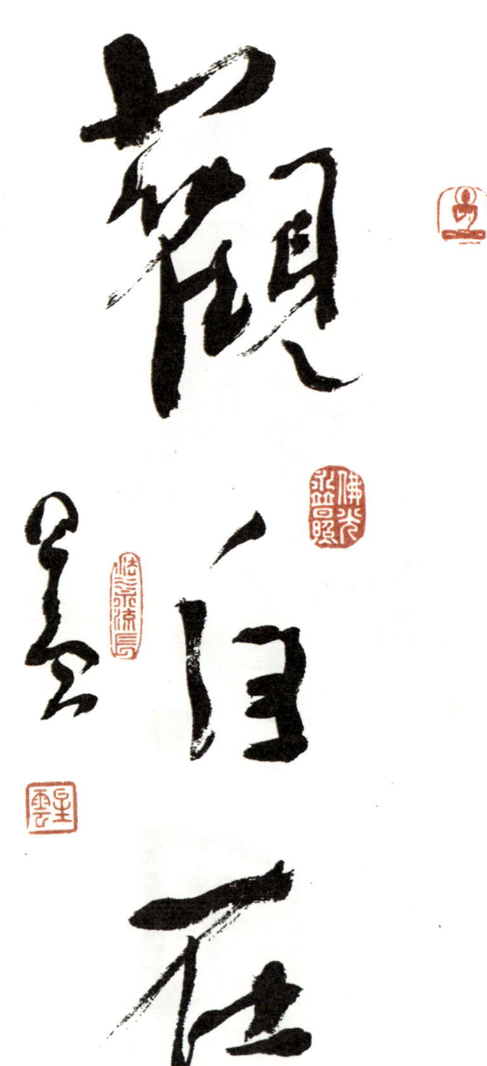

图书在版编目（CIP）数据

这世界无处不美 / 星云大师著. — 广州：花城出版社，2012.3

ISBN 978-7-5360-6450-8

Ⅰ. ①这… Ⅱ. ①星… Ⅲ. ①摄影集－中国－现代②汉字－法书－作品集－中国－现代③禅宗－通俗读物 Ⅳ. ① J421 ② J292.28 ② B946.5-49

中国版本图书馆 CIP 数据核字（2012）第 023197 号

本书由上海大觉文化传播有限公司独家授权出版中文简体字版

著　　者：星云大师
出 版 人：詹秀敏
责任编辑：李　谓
技术编辑：易　平
策　　划：张　林
特约编辑：冯欣欣
装帧设计：视觉共振设计工作室

出版发行：花城出版社
（广州市环市东路水荫路 11 号）
经　　销：全国新华书店
印　　刷：三河市华东印刷有限公司
（北京市大兴区西红门镇曙光民营企业园南 8 条 1 号）
开　　本：787 毫米 ×1092 毫米　16 开
印　　张：20
字　　数：165,000 字
版　　次：2012 年 6 月第 1 版　　2020 年 7 月第 2 次印刷
定　　价：68.00 元

如发现印装质量问题，请直接与印刷厂联系调换。
购书热线：020-37604658　37602954
欢迎登陆花城出版社网站：http://www.fcph.com.cn